C.H.BECK ◪ WISSEN

in der Beck'schen Reihe

W0088569

Der Mythos vom Troianischen Krieg steht am Anfang der europäischen Geistes- und Literaturgeschichte; er wurde dank der *Ilias* des Homer fester Bestandteil unseres kulturellen Gedächtnisses. Ganz im Banne der *Ilias* stehend, wagte lange Zeit niemand, die Geschichtlichkeit des Troianischen Krieges, wie ihn Homer schilderte, anzuzweifeln. Und als Heinrich Schliemann auch noch jene sagenumwobene Stadt unter dem Schutt des Hügels Hisarlık fand und den archäologischen Befund in schon recht abenteuerlicher Weise mit den Versen Homers in Einklang zu bringen suchte, trieb er sozusagen mit dem Spaten in der Hand die wenigen Zweifler in den Hintergrund der wissenschaftlichen Diskussion.

Homer und Schliemann werfen bis heute lange Schatten, und noch immer ist auch unter modernen Wissenschaftlern die Neigung groß, ,den Troianischen Krieg ausgraben' zu wollen. Dieter Hertel, der Autor des vorliegenden Buches, ist dieser Versuchung nicht erlegen und versucht erst gar nicht, einen Zugang zu den neun Schichten des untergegangenen Troia auf dem trügerischen Weg über die Sage zu finden, sondern über die sachliche Analyse der archäologischen Funde. Die Archäologie darf aber nicht als ,Geschichtsschreibung mit anderen Mitteln' mißverstanden werden; sie verfolgt vielmehr eigene Fragestellungen, auf die sie mit ihren eigenen Methoden Antworten zu finden sucht. Indem der Autor Troia aus dem Dickicht der literarischen und wissenschaftlichen Mythen befreit, die archäologischen Funde beschreibt und daraus seine Schlüsse zieht, präsentiert er eine ungewohnte, aber spannende Geschichte der Stadt – und wenn man genau hinschaut, kann man sogar erkennen, wo in den Versen Homers wirklich einmal ein Fünkchen Geschichtlichkeit hervorleuchtet.

Dieter Hertel lehrt als Professor für Klassische Archäologie an der Ludwig-Maximilians-Universität München. Seine Forschungsschwerpunkte liegen im Bereich der römischen Portraitkunst und der Archäologie Nordwest-Kleinasiens. Er hat selbst an mehreren Grabungskampagnen in Troia teilgenommen und zahlreiche einschlägige Veröffentlichungen zu Troia vorgelegt.

Dieter Hertel

TROIA

Archäologie, Geschichte, Mythos

Verlag C.H. Beck

Mit 4 Karten und 16 Abbildungen, davon 3 in Farbe

Die Deutsche Bibliothek – CIP-Einheitsaufnahme

Hertel, Dieter:
Troia : Archäologie, Geschichte, Mythos / Dieter Hertel. –
Orig. Ausg. – München : Beck, 2001
  (C.H. Beck Wissen in der Beck'schen Reihe ; 2166)
  ISBN 3 406 44766 X

Originalausgabe
ISBN 3 406 44766 X

Umschlagmotiv: Handpferd, Athen, Akropolis-Museum,
Marmor (520–510 v. Chr.)
© Éditions Gallimard, La Photothèque/Paris
Umschlagentwurf von Uwe Göbel, München
© Verlag C.H. Beck oHG, München 2001
Satz: Kösel, Kempten
Druck und Bindung: Freiburger Graphische Betriebe
Printed in Germany

www.beck.de

Inhalt

Vorwort   6

I. Einleitung   7

II. Forschungsgeschichte: Die Sage vom Troianischen
Krieg. Ein ,Dauerbrenner in der Abendländischen
Geistesgeschichte'   14

III. Troia-Ilion: Die Lage der Stadt in ihrer natur-
räumlichen Umgebung   32

IV. Die berühmten sogenannten neun Schichten oder
Städte   35

V. Das Problem von Geschichte und Mythos in der
Sage vom Troianischen Krieg 101

VI. Weiterleben und Rezeptionsgeschichte der
Troia-Sage in antiker und nachantiker Zeit 118

VII. Nachwort: Die Rolle der Ilias zwischen Literatur,
Geschichtsbuch und historischer Quelle 122

Kommentierte Bibliographie 124

Ausgewähltes Personen- und Ortsregister, Zeittafel . . . 128

Vorwort

Das vorliegende Buch ist die Frucht jahrelanger Beschäftigung mit dem Thema. Ohne die tatkräftige Hilfe der Deutschen Forschungsgemeinschaft, des Museums für Vor- und Frühgeschichte und des Deutschen Archäologischen Instituts in Berlin sowie seiner Abteilungen in Athen und Istanbul hätten die Arbeiten nicht durchgeführt werden können. Das heißt auch, daß ich vielen Kollegen zu Dank verpflichtet bin, insbesondere gilt dies für Justus Cobet von der Universität Essen und den zuständigen Lektor des Beck Verlages, Stefan von der Lahr, beide Althistoriker, ohne deren nicht erlahmende Unterstützung der Band nicht zustande gekommen wäre.

München, im Februar 2001   *Dieter Hertel*

I. Einleitung

Die Geschichte vom Krieg um Troia faszinierte die Menschen, seit Homers Ilias davon erzählt, die Frage nach seiner Geschichtlichkeit aber seit dem Aufkommen der modernen Quellenkritik am Ende des 18. Jhs. Die Ausgrabungen Schliemanns zwischen 1870 und 1890, W. Dörpfelds 1893/94 und des Amerikaners C. W. Blegen von 1932 bis 1938 in Troia trugen dazu bei, das Interesse an diesem Thema wachzuhalten und noch zu steigern. Die Wiederaufnahme der Grabungen durch M. Korfmann im Jahre 1988 verlieh dem Ort am Skamander (Abb. 2) neuerlich große Aktualität. Wie kaum ein anderer Sachverhalt aus der Geschichte der Alten Welt wurde er zum Betätigungsfeld der verschiedensten Disziplinen der Altertums- und Geschichtswissenschaft, von Klassischer Philologie, Alter Geschichte, Klassischer Archäologie, Vorgeschichte, Indogermanistik und Hethitologie. Und wie kaum ein anderes Thema der historischen Kulturwissenschaften entwickelte er sich zum Tummelplatz weitreichender Spekulationen.

Die moderne Beschäftigung mit dem Troianischen Krieg, mit einem Mythos oder einer Sage, d.h. einer Erzählung, deren Entstehung und Ausgestaltung von vielerlei unterschiedlichen Interessen geleitet war und meist von kriegerischen Taten von Helden und/oder Göttern handelt, die sich als tatsächliches Geschehen in einer weit zurückliegenden, als ‚großartig‘ gedachten Vergangenheit gibt, konzentrierte sich im allgemeinen darauf, die Geschichtlichkeit des Berichteten nachzuweisen oder sie zu bestreiten. So entstanden selbst wiederum neue Mythen, also von Sehnsüchten und Interessen des modernen Menschen gespeiste, nicht hinterfragte Wunschbilder von historischen Sachverhalten, wie z.B. jenes, daß der Troianische Krieg tatsächlich, und zwar am Ende der späten Bronzezeit, im 13. oder 12. Jh.*, und zumindest in den Grund-

---

* Die Zeitangaben, die sich auf die Ära *vor* Christi Geburt beziehen, sind ohne die Angabe ‚v. Chr.‘ wiedergegeben (z. B. 12. Jh. = 12. Jh. v. Chr.),

zügen, wie ihn die Sage beschreibt, stattgefunden habe, womit in der Regel gemeint ist, daß Troia von mykenischen Griechen eingenommen worden sei. Ein anderer moderner Mythos, der in diesem Zusammenhang aufkam, lautete, die Grabungstätigkeit des Archäologen bedürfe der kritischen Methoden der Geschichtswissenschaft nicht und sei von sich aus ein sicherer Weg, die Geschichtlichkeit von Sagen zu beweisen oder zu widerlegen. Die ‚Handgreiflichkeit‘ dieser Ergebnisse einer solchen ‚Wissenschaft des Spatens‘, die angeblich unmittelbare und eindeutige Aussagekraft der zutage geförderten Denkmäler, wurde gegen die ernüchternde, Distanz schaffende Quellenanalyse des Historikers ausgespielt. Solche Auffassungen vertraten, obgleich mit unterschiedlichem Nachdruck, auch die Ausgräber von Troia; der vermeintliche ‚Autoritätsbeweis‘ bewirkte, beabsichtigt oder nicht, eine gesteigerte Akzeptanz derartiger Positionen nicht nur bei dem interessierten Laien, sondern sogar in der Fachwelt. Nur ungern oder gar nicht setzte sich mancher Ausgräber mit den Stimmen kritischer Forscher, meist Vertretern der Alten Geschichte, auseinander: Die ‚Waffe‘ des Ausgräbers, der ‚Spaten‘, sollte ohne Umschweife den Sieg über den räsonierenden Verstand davontragen, und es mutet grotesk an, daß man immer wieder auf Heinrich Schliemann wie auf eine Symbolfigur wies, obwohl

---

jene, die die Zeit *nach* Christi Geburt betreffen – soweit es sich um das erste Jahrtausend handelt – sind mit ‚n. Chr.‘ gekennzeichnet, alle anderen in der üblichen Schreibweise gedruckt (z. B. 20. Jh.); wenn keine genauen Angaben gemacht werden, so ist stets ‚ca.‘ zu ergänzen.
Die Kürzel [Großbuchstabe(n) Leertaste Zahl(en) (z. B. A 5 oder JK 3/4)] bezeichnen die Planquadrate auf den Plänen von Troia (Abb. 4. 13 b und 14), so daß die Fundstellen bzw. Bauwerke leicht aufgefunden werden können. Bei den Maß- und Entfernungsangaben ist immer ‚ca.‘ zu ergänzen; Jh. = Jahrhundert, Jt. = Jahrtausend.
Da der Name Hellespont bei Homer und bis ins 5. Jh. in der Regel nicht nur die heute Dardanellen genannte Meerenge (Abb. 2.3), sondern außerdem die gesamte nördliche Ägäis (Abb. 1) bezeichnete, wird im folgenden zur Kennzeichnung dieser Meerenge nur die Bezeichnung Dardanellen verwendet. Ansonsten werden, wenn nicht anders vermerkt, die antiken Namen für Orte, Flüsse usw. verwendet.

dessen problematisches Vorgehen dies sachlich keineswegs gerechtfertigt erscheinen läßt. Dieses Verfahren konnte sich dennoch des Beifalls einer breiten Öffentlichkeit gewiß sein. Der Medienaufwand im Zuge der gegenwärtigen Aktivitäten in Troia trug das Seinige dazu bei. Es mutet bedenklich an, wenn auch heute noch die Ausgräber vor Ort die Hoffnung hegen, ‚eines Tages mit dem Spaten wider Erwarten auf eindeutige Beweisstücke (für die Geschichtlichkeit des Mythos) zu stoßen‘ (J. Cobet).

So soll der folgende Text, wie es einem Wissen-Band gemäß ist, unsere Kenntnisse zum Thema Troia allgemeinverständlich, aber auch angemessen kritisch darstellen. Das Problem der Geschichtlichkeit des Troianischen Krieges soll hier, aufklärerischem Denken verpflichtet, auf philologischem, althistorischem und archäologischem Wege angegangen werden, denn nur eine interdisziplinäre und ‚ganzheitliche‘ Betrachtung kann Erfolg bei der Klärung der aufgetretenen Fragen versprechen. Die seit Aufklärung und Historismus entwickelten und bis heute zunehmend verfeinerten Methoden von Klassischer Philologie und Alter Geschichte sowie eine die bisherigen Grabungsergebnisse kritisch durchleuchtende archäologische Vorgehensweise stellen die Basis der nachfolgenden Ausführungen dar. Das Resultat sei bereits hier kurz vorweggenommen: Weder unter philologischem und althistorischem noch unter archäologischem Blickwinkel kann von einem ‚historischen Kern‘ der Sage die Rede sein. Nicht ein dem Mythos mehr oder minder entsprechendes Geschehen in der späten Bronzezeit, sondern eine jüngere, ganz anders geartete, geringfügige und sich in ähnlicher Weise an anderen Orten Nordwestkleinasiens abspielende Begebenheit der frühen griechischen Geschichte kommt als Grundlage der Sagenbildung in Betracht: die Besiedlung Troias durch aus Mittelgriechenland stammende Griechen. Von den vielen Schichten, in denen Troia im Laufe der Jahrhunderte immer wieder nach Zerstörungen neu erbaut wurde, bildeten *nicht* die Schichten Troia VI aus dem Zeitraum 1700–1300 und VIIa aus dem 13. Jh. den Schauplatz aufsehenerregender kriegerischer Ereignisse; diese spielten sich vielmehr im Zuge eines von der Welt unbemerkten Infiltrationsprozesses griechischer Siedler ab, der nach dem Ende der letzten bronzezeitlichen Schicht, von Troia VII b 2, im 11. Jh., einsetzte. Erst im Verlauf dieses Vorgangs kam es infolge besonderer Rahmenbedingungen zur Entwicklung der von Homer gestalteten weltberühmten Sage. Die Ausbildung dieses Mythos, der fester Bestandteil unseres kulturellen Gedächtnisses wurde, war von Anfang an durch und durch griechisch geprägt. Sie wurde von Faktoren bestimmt, die erst mit der Besiedlung Troias durch Griechen, im 11. und im 10. Jh., wirksam wurden, und ist ohne die Entfaltung der frühen griechischen Kultur in Westkleinasien und auf den vorgelagerten Inseln nicht denkbar. Der Leser sollte, wenn er versucht, sich Klarheit über den tatsächlichen Geschehensverlauf zu verschaffen, sich dabei stets bewußt sein, daß die Ilias Homers – also jenes dichterische Großwerk, das am Anfang der abendländischen Literatur steht – sehr viel jünger ist als die Ereignisse, um die es hier geht. Es entstand erst um 750, und auch wenn das eine oder andere reale Ereignis, das im 11. und 10. Jh. stattgefunden hatte, den Ausgangspunkt der Sagentradition gebildet haben kann, so lag dem Gestalter dieses Epos doch nichts ferner, als eine chronikartige Wiedergabe uralter Geschehnisse zu bieten. Ihm ging es vielmehr um die Behandlung von brennenden Problemen aus seiner Lebenswelt; und so bezieht das Werk, das im Erzählzusammenhang des Troianischen Krieges steht, sein kulturelles Kolorit fast ausschließlich aus der Zeit Homers, also aus dem 8. Jh. Da Homer wohl eine Zeitlang an Fürstenhöfen in der Troas lebte, stattete er sein Epos mit anscheinend recht genauen Angaben zur lokalen Geographie und zu den Baulichkeiten der Stadt und ihrer Umgebung aus.

Bevor die Hauptprobleme bei der archäologischen Erforschung Troias dargestellt werden, verdienen sowohl die Ilias als auch die anderen schriftlichen Quellen zur Sage eine kurze Würdigung: Die Ilias ist wohl ein von dem Dichter Homer am Ende seines Lebens, in Versform – in sogenannten Hexametern – verschriftlichtes Großepos, dem gewiß ältere, abweichende Fassungen gleichen Versmaßes dieses Dichters vorangegangen sind; nur ein Abschnitt, der sogenannte Schiffskatalog (2, 484–762), aus dem man erfährt, von wo überall die Griechen kamen, um nach Troia aufzubrechen, könnte, in kürzerer Gestalt, schriftlich fixierter Bestandteil eines dieser Vorgängerepen gewesen sein. Ihnen dürften wiederum noch ältere Epen vorausgegangen sein, deren Inhalte von Homer verarbeitet wurden.

Gleichzeitig mit Homer schufen vermutlich andere Dichter gleichfalls Epen zu Troia, die sich inhaltlich durchaus unterschieden. Sie dürften Homer manche Anregung für die Ausgestaltung seines eigenen Werkes geliefert haben. Ebenso scheint er Motive aus Dichtungen mit ganz anderer Thematik übernommen zu haben. Bei allen diesen Vorlagen handelte es sich um mündlich und in Hexametern abgefaßte Gedichte. Die auf den Dichter gekommene Tradition, seine älteren Versuche und die Integration von Stoffen und Motiven zeitgleicher Epen dürften ebenso wie eine gewisse Unübersichtlichkeit, die die Form des Großepos zwangsläufig mit sich brachte – immerhin umfaßt die Ilias rund 16 000 Verse –, die zahlreichen, nicht zu übersehenden Unstimmigkeiten und Widersprüche der Ilias verursacht haben. Dennoch kann dieses Epos als schöpferisches, vom Willen zu inhaltlicher und stilistischer Stimmigkeit getragenes Werk gelten. Allerdings ist nicht der gesamte uns bekannte Iliastext ‚homerisch‘, denn der 10. Gesang, der vom Späherunternehmen des Troianers Dolon erzählt, wurde erst im 7. oder 6. Jh. hinzugefügt, und es gibt gute Gründe, auch mit weit kürzeren Textzusätzen aus späterer Zeit zu rechnen; die betreffenden Textstellen können aber im Rahmen dieses Buches nicht vorgestellt und erörtert werden.

Thema der Ilias ist übrigens nicht der Troianische Krieg in seiner Gesamtheit, sondern nur eine Episode aus dem 10. Jahr der Kampfhandlungen. Dabei handelt es sich um den ‚Zorn des Achilleus‘ und seine schwerwiegenden Folgen für Griechen und Troianer: Der Griechenheld zieht sich, in seiner Ehre getroffen, vom Kampf zurück, als ihm der Oberbefehlshaber des griechischen Heeres, Agamemnon, seine Kriegsbeute, eine schöne Sklavin, wegnimmt. Im Verlauf der Ilias droht nun den Griechen der Untergang, bis sich Achilleus nach dem Tod seines besten Freundes Patroklos besinnt, den Kampf wieder aufnimmt und den größten Helden der Troianer, Hektor, im Zweikampf tötet. Der Dichter kennt jedoch eine Fülle von Ereignissen aus der Zeit vor und nach der Episode vom Zorn des Achilleus, wie aus vielen mehr oder minder beiläufigen Äußerungen hervorgeht – so z. B. das Urteil des Paris als Auslöser oder die List vom Hölzernen Pferd als Ende des Krieges.

Zeitlich folgte auf die Ilias die Odyssee, ebenfalls ein Großepos, ca. 730/20 aufgezeichnet, in dessen Zentrum die Irrfahrten und die Heimkehr des Odysseus sowie die damit verbundenen politischen und menschlichen Spannungen stehen. Zugleich enthält sie zahlreiche Hinweise auf die auf das Iliasgeschehen folgenden Ereignisse, darunter die Eroberung Troias durch die Griechen. Die Odyssee wurde vielleicht von einem Sohn oder Schüler Homers gedichtet, kurz der Odysseedichter genannt. Die Entstehung dieses Epos muß man sich prinzipiell ähnlich wie jene der Ilias vorstellen. Obwohl hier die Ansicht vertreten wird, daß Ilias und Odyssee nicht auf einen, sondern auf zwei Dichter zurückgehen, wird im Laufe der Untersuchung, wie es in der Forschung üblich ist, der Kürze halber immer wieder auch einfach von ‚homerischen Epen‘ gesprochen.

Im 7. und 6. Jh. wurden von nicht sicher identifizierten Dichtern umfangmäßig viel kleinere und weniger problemorientierte Epen verfaßt. Es handelt sich dabei um die ‚Kyprien‘, welche die Geschehnisse bis zum Zorn des Achilleus erzählen: die ‚Aithiopis‘, die von den Ereignissen nach dessen Zorn bis zum Selbstmord des sogenannten Großen Aias berichtet, die ‚Iliupersis‘ mit der Darstellung der Eroberung Troias, die ‚Nosten‘, welche die Rückfahrt der Griechenhelden behandeln, und die ‚Kleine Ilias‘, die eventuell ein epischer Abriß der gesamten Troia-Sage gewesen ist. Leider sind diese Dichtungen nur in Fragmenten und knappen Zusammenfassungen späterer antiker Autoren erhalten. Themen des Troianischen Krieges und aus seinem Umfeld wurden aber in der Antike nicht nur im Rahmen der hier aufgeführten Werke aufgegriffen und bearbeitet; der wirkungsmächtige Stoff forderte auch die schöpferischen Kräfte der attischen Tragiker Aischylos, Sophokles und Euripides (5. Jh.) ebenso wie die des ‚Zweiten Homer‘, des augusteischen Dichters Vergil in seiner *Aeneis* (ca. 30/20), heraus. Wie Vergil so dichteten auch Diktys (4. Jh. n. Chr.) und Dares (5. Jh. n. Chr.) in lateinischer Sprache und von den beiden zuletzt Erwähnten stammen sogar Gesamtdarstellungen des Troianischen Krieges in Romanform. Damit sind bei weitem nicht alle genannt, die sich von dem großartigen Stoff zu eigenem Schaffen anregen ließen, aber den jüngeren wie den älteren Dichtern sowie Homer selbst ist eines gemeinsam: Die Inhalte, mit denen sie arbeiteten, wurden stets umgestaltet und verändert und den individuellen Interessen der Dichter und ihrer Lebenswelt untergeordnet. Ein Beweiswert für irgendein historisches Geschehen kommt keinem dieser Texte zu.

II. Forschungsgeschichte:
Die Sage vom Troianischen Krieg.
Ein ‚Dauerbrenner in der Abendländischen Geistesgeschichte'

Die philologische Forschung[*]

Die Sage vom Troianischen Krieg wurde im griechischsprachigen byzantinischen Reich unmittelbar in Form der homerischen Epen, aber auch über Bearbeitungen des darin verwendeten Sagenstoffes aus dem 6. Jh. n. Chr. und dem 12. Jh. vermittelt. Im Westen Europas, der durch die Herrschaft der Römer zum latinisierten und romanisierten Kulturkreis des Abendlandes gehörte, vollzog sich die Verbreitung besonders über die eben genannten Autoren. Die beginnende Renaissance suchte jedoch die Texte im griechischen Osten: Schon 1353 hatte Petrarca ein Exemplar der homerischen Epen als Geschenk aus Konstantinopel erhalten und 1360 ließ er sie ins Lateinische übersetzen. 1403/8 brachte Guarino von Verona ca. 60 Handschriften in den Westen. Nach der Eroberung Konstantinopels im Jahre 1453 gelangten weitere Texte der Ilias und Odyssee nach West- und Nordeuropa und stießen bald auf ein großes Echo. Die Epen wurden als von Homer geschaffene, große Dichtung verehrt, die Sage vom Troianischen Krieg selbstverständlich als historisches Geschehen angesehen.

Mit den 1795 erschienenen ‚Prolegomena ad Homerum' (Vorbemerkungen zu einer Neuausgabe des Homer-Textes) von F. A. Wolf schlug die Stunde der kritischen Homerforschung. Wolf, ältere Ansätze und die kritische Analyse des Alten Testaments (*J. G. Eichhorn, Historisch-kritische Einleitung in das Alte Testament* [3 Bde, 1780–83]) aufgreifend, ging aufgrund der sachlichen, gedanklichen und sprachlichen Unebenheiten der homerischen Epen davon aus, daß sie keine

---

[*] Die Klassische Philologie befaßt sich mit der Erforschung der Sprache und Literatur der Griechen und Römer.

einheitlichen Schöpfungen waren, sondern jeweils auf ursprünglich selbständige, fest umrissene dichterische Einheiten kleineren Umfangs zurückgingen. Nur jeweils eine von ihnen, die größte und bedeutendste, sei von Homer gedichtet worden. Erst später, im 6. Jh., seien diese Kleinepen aufgezeichnet worden, und zwar von einem sog. Redaktor, einem ‚Zusammenfüger‘, der sie in handwerklicher Weise und nur unwesentlich verändert zu Großepen zusammenstellte. Das bedeutete, die liebgewordene Vorstellung von einer einzelnen überragenden Dichterpersönlichkeit, dem die Schöpfung der Epen bislang zugeschrieben worden war, aufzugeben. Mit dieser Erkenntnis trat die Forschungsrichtung der ‚Analyse‘ ins Leben, die in unterschiedlicher Ausprägung die Homerphilologie des 19. und frühen 20. Jhs. dominieren sollte und noch bis heute nachwirkt. Die Möglichkeit, daß die homerischen Epen ein hohes Maß an geschichtlichen Nachrichten aus alter Zeit enthalten, wurde durch die Analyse in Frage gestellt; meist nahm man nur ein geringfügiges historisches Ereignis der frühen griechischen Geschichte an, das dann später dichterisch ausgestaltet worden sei, wie besonders ausführlich von E. Bethe dargelegt wurde.

Die Forschungsrichtung, die sich der Analyse in verschiedenen Spielarten entgegenstellte, war der ‚Unitarismus‘: Die Vertreter dieser Richtung waren der Auffassung, daß die ‚Ecken und Kanten‘ der Epen auf einer höheren Ebene durch die dichterische Konzeption zu erklären seien, und versuchten in den Werken einheitliche Schöpfungen Homers und – gegebenenfalls für die Odyssee – des Odysseedichters zu sehen. Der Unitarismus bestimmte, ausgehend vor allem von den Arbeiten W. Schadewaldts, die Homerphilologie seit den dreißiger Jahren des 20. Jhs. Auch die Unitarier rechneten mit Vorgängerepen und ständiger Neugestaltung der Inhalte, außerdem zeigten sie die Einbindung von Ilias und Odyssee in die Welt des 8. Jhs. auf. Dennoch glaubten sie oft, einen nicht (ganz) unbeträchtlichen historischen Kern der Ilias herausfiltern zu können, der für sie ins 13. oder 12. Jh. reichte; dies vertraten so bedeutende Forscherpersönlichkeiten wie Schadewaldt,

A. Lesky, U. Hölscher und ausgeprochen dezidiert in jüngerer Zeit J. Latacz. Nur wenige machten darin eine Ausnahme – vor allem A. Heubeck, der der Sage vom Troianischen Krieg die Geschichtlichkeit absprach und den fundamentalen Unterschied zwischen der Welt der Epen und der späten Bronzezeit hervorhob. Die sich mit dem Unitarismus Schadewaldtscher Prägung berührende ‚Neoanalyse‘ (Neuanalyse), die ebenfalls die Ilias einem Dichter namens Homer zuschrieb, hob im Gegensatz zur alten Analyse nicht die fast unveränderte Übernahme von fest gefügten Einzelliedern, sondern die produktive Verarbeitung von Motiven aus altorientalischer Poesie und mündlicher griechischer Epik neben Homer hervor, deren ‚Quellen‘ Dichtungen waren, die sowohl um Troia als auch um andere Themen kreisten. Der Auffassung, daß man einen historischen Kern aus der Sage vom Troianischen Krieg gewinnen könne, standen die Vertreter dieser Richtung sehr skeptisch gegenüber, was besonders für ihren gegenwärtigen Hauptvertreter, W. Kullmann, gilt.

Neue Anstöße zum Verständnis der Epenentwicklung brachte die im frühen 20. Jh. einsetzende ‚Oral Poetry-Forschung‘, d. h. die Untersuchung von seit langem praktizierter und noch lebendiger, mündlicher Heldendichtung. Lesky hat sie treffend wie folgt charakterisiert: „Der Form nach herrscht Verserzählung vor, deren Einheit nicht die Strophe, sondern der Einzelvers ist. Reden spielen in der Erzählung eine bedeutende Rolle. Das einprägsamste Merkmal jedoch ist die beherrschende Rolle typischer Elemente. Da ist das stehende Beiwort, die immer wiederkehrende Formel größeren Umfanges, da sind die typischen Szenen wie Rüstung, Ausfahrt, Hochzeit und Leichenfeier." (Zu ergänzen wäre noch ‚Kampf‘, vor allem ‚Zweikampf herausragender Helden‘). Die Beobachtung, daß die erwähnten Elemente der Dichtung über lange Zeit hin beibehalten wurden, führte bei vielen Vertretern der Oral Poetry-Forschung zu dem Schluß, die Sprachform des ursprünglichen Werkes sei in ihren wesentlichen Zügen noch faßbar. Da auch Ilias und Odyssee voll von typischen Elementen dieser Art waren, übertrug man diese Folgerung auf die frühe griechische Dichtung (M. Parry). Daraus wiederum wurde eine lebendige Erinnerungtradition von der späten Bronzezeit bis auf Homer abgeleitet, d.h. es wurde mit der Bewahrung von Eckpunkten des historischen Geschehens über Jahrhunderte hinweg in ganz bestimmten, unverändert gebliebenen Versen der Ilias gerechnet – eine Position, die M. P. Nilsson begründete. Allerdings ergaben neuere Forschungen zur Oral Poetry, daß sich ein Rückschluß von Homer auf Begebenheiten aus vorhomerischer Zeit verbietet, da man feststellte, daß sich auch die typischen Elemente veränderten oder vergessen, durch neue ersetzt und besonders immer neu zusammengesetzt wurden. Auch wurde wieder ins Zentrum gerückt, was der Oral Poetry schon vor langem aufgefallen war (M. Murko): Selbst dann, wenn einem mündlich weiter vererbten Heldenlied ursprünglich einmal ein historisches Ereignis zugrunde lag, so veränderte sich doch solch ein Heldenlied von Vortrag zu Vortrag unter Einwirkung der sich wandelnden politischen, sozialen und kulturellen Verhältnisse, so daß das auslösende Geschehen nur in weitgehend veränderter Gestalt und ganz neuen Zusammenhängen einverleibt fortlebte. Hinzu kam, daß die vor einigen Jahrzehnten ins Leben getretene ‚Oral History-Forschung‘, die die Gedächtnismöglichkeiten des ‚gewöhnlichen‘ Volkes oder ‚gemeinen Mannes‘ untersucht, deutlich machte, daß ein geschichtliches Ereignis in schriftlosen Kulturen und ohne ritualisierte Erinnerungsformen, wie sie beispielsweise die Abendmahlsfeier im christlichen Gottesdienst darstellt, im Normalfall höchstens über drei Generationen, *mithin allenfalls neunzig Jahre*, bewahrt werden kann. Das bedeutet, daß Homer und auch schon den Dichtern, auf deren Lieder er für die Gestaltung der Ilias zurückgegriffen hat, unmöglich noch authentisches historisches Wissen verfügbar war, das die Daten getreulich bewahrte, als ihre Werke entstanden; sie dürfen also nicht einmal als Quellen für Ereignisse aus dem 10. und 11., geschweige denn aus dem 12. und 13. Jh., angesehen werden.

Die gegenwärtige Situation in der Homerphilologie ist, soweit ich sie überblicke, dadurch gekennzeichnet, daß der unitarische Ansatz zwar das Feld beherrscht, aber viele Unvollkommenheiten der Epen keineswegs ‚weginterpretiert' werden. Man hat vielmehr erkannt, daß sie von Homer und gegebenenfalls dem Odysseedichter übersehen und daher nicht bereinigt worden sind, was einfach aus den besonderen und schwierigen Entstehungsbedingungen der Epen, so wie sie gerade beschrieben wurden, zu erklären ist (Beispiele: Zeus prophezeit Ilias 8, 469–476 zufolge, daß Achilleus den Hektor im Schiffslager der Griechen beim Leichnam des Patroklos erschlägt, wohingegen Achilleus nach Ilias 22,1 ff. Hektor vor der Mauer von Troia tötet, während der tote Patroklos im griechischen Lager aufgebahrt ist; Ilias 5, 576–579 zufolge fällt der Paphlagonenkönig Pylaimenes durch die Hand des Menelaos, nach Ilias 13, 643–659 verläßt aber Pylaimenes Tränen vergießend das Schlachtfeld, weil sein Sohn getötet wurde). Und gerade die Neoanalyse, die, wie schon betont, nicht die prinzipielle Einheit des Epos leugnet, liefert mit ihrem Ansatz, daß während des Schaffungsprozesses immer wieder Erzählmotive aus anderen Dichtungen übernommen und dem jeweils aktuellen Stoffbestand eingewoben wurden, eine gute Erklärung für das Vorhandensein vieler Ungereimtheiten.

Die althistorische Forschung

Die von B. G. Niebuhr zu Beginn des 19. Jhs. entwickelte Quellenkritik, d. h. die Ermittlung der Zuverlässig- oder Unzuverlässigkeit antiker Schriftquellen, vor allem die Zergliederung der Tradition und die historische Zuordnung der so herauspräparierten Überlieferungsschichten, stellte die Beschäftigung mit der Alten Geschichte auf eine neue Basis. Niebuhr, dessen Arbeiten insbesondere den Anfängen der römischen Geschichte gewidmet waren, leugnete den Zeugniswert der homerischen Epen für das darin beschriebene Heldenzeitalter. Und G. Grote äußerte sich in seiner 1846 zum ersten Mal erschienenen Griechischen Geschichte ebenfalls äußerst skeptisch zu dieser Frage. Die meisten Althistoriker des 19. und der ersten Hälfte des 20. Jhs. folgten solchen Einschätzungen.

Ein Kenner der griechischen Vor- und Frühgeschichte sowie der Grabungen in Troia, der bedeutende Historiker M. I. Finley, betonte seit den fünfziger Jahren des 20. Jhs. wiederholt die Problematik der homerischen Epen als Quellen für die späte Bronzezeit und erwog als eventuell denkbaren ‚historischen Kern‘ der Ilias eine Zerstörung von Troia, wie wir sie in der Schicht VII a, also um 1200, dokumentiert finden, durch heimatlose, marodierende Gruppen von mykenischen Griechen. F. Hampl betonte, älteren Untersuchungen folgend, die unterschiedliche Herkunft der in der Ilias zusammengeflossenen Heldensagen und maß den gewaltigen Überresten der spätbronzezeitlichen Befestigungsmauer Troias und den Kämpfen landsuchender Griechen in der Troas – im Umland des alten Troia – sagenbildende Kraft zu; dieser Vorgang vollzog sich allerdings erst in der Nachbronzezeit. Auch E. Meyer sah in den Trümmern der alten Stadt einen wichtigen Faktor der Sagenbildung – lag es doch nahe, daß so gewaltige Ruinen den Geist der Nachfahren zu Heldendichtung inspirierten –, glaubte aber im Mythos keinen historischen Kern ausmachen zu können. J. Cobet bekannte sich 1983 unter kritischer Erörterung der Grabungsresultate ebenfalls zu dieser Grundlinie der Forschung; außerdem wies er auf die an der Stelle der bronzezeitlichen Siedlung angeblich erst um 700 gegründete griechische Stadt Ilion und ihre bis ins 4. Jh. reichende Geschichte als wichtigen Gegenstand geschichtswissenschaftlicher Forschung hin: Sollte man übersehen dürfen, daß nicht erst unsere Romantiker, sondern auch antike Menschen sich gern eine ‚heroische Vergangenheit‘ konstruierten? Gehört eine solche Erzählung von einer sagenhaften Heldenzeit mit dem gemeinsamen griechischen Feldzug nach Troia nicht vielleicht zu den ‚Gründungsmythen‘ der im 8. Jh. zu einer Kultur zusammenwachsenden historischen Griechen – Homer als doppelter Anfang: Der ‚erste‘ Text, der von einem ‚ersten‘ großen Ereignis erzählt, der Text als die Spiegelung einer entstehenden kulturellen Identität der Griechen in einer imaginären, ‚vorgestellten‘ Vergangenheit? Und vermittels einer quellenkritischen Analyse, die die älteren Ansätze ausbaute, gelangte der Verfas-

ser des vorliegenden Buches schließlich 1992 zu der Über-
zeugung, daß der ‚historische Kern‘ der Sage vom Troianischen Krieg nur sehr klein sein konnte und in anfangs verlust-,
letztlich aber erfolgreichen Kämpfen einer zahlenmäßig kleinen Gruppe von aus Mittelgriechenland stammenden Griechen
um Troia, wie die Stadt in der Schicht VII b 2 begegnet, um
1000 besteht.

Es bleibt abzuwarten, ob sich die jüngste Auffassung des
hethitologisch vorgebildeten Althistorikers P. Högemann –
trotz mehr als zweihundert Jahren kritischer Troia-Forschung
und massiver, wohlbegründeter Zweifel der Fachkollegen –
wird durchsetzen können, der an die Geschichtlichkeit des
legendären Troianischen Krieges glaubt, ihn um 1275 datiert
und versucht, ihn in die hethitisch-westkleinasiatische Geschichte einzubetten, wobei tatsächlich Mykener aus Griechenland Troia VI zerstört haben sollen. Homer erzählt aber
eine ganz andere Geschichte, die nichts mit den wenigen und
schwachen, aus hethitischen Quellen abgeleiteten Indizien zu
tun hat.

Die archäologische Forschung

In der Antike war man, von wenigen Ausnahmen abgesehen,
davon überzeugt, daß das einst von Homer besungene Troia,
das bei ihm meist Ilios heißt, an dem Ort der später von Griechen und Römern Ilion bzw. Ilium genannten Stadt gelegen
hatte (Abb. 2. 3). Dieser war noch um 900 unter dem Namen
Ilion Sitz eines byzantinischen Bischofs. Jedoch ist unklar, ob
man diese Stadt für die Nachfolgesiedlung des sagenhaften
Troia hielt. Aus Nord- und Westeuropa kommende Reisende
suchten jedenfalls seit dem 11. Jh. Troia in den Ruinen von
Alexandreia Troas oder von Sigeion, also an Orten, die an der
Westküste der Troas lagen. Auch für den türkischen Sultan
Mehmed II., den Eroberer von Konstantinopel, der 1462 die
Troas besuchte, galt wohl Alexandreia Troas als die homeri-
sche Stadt. Der Drang zur romantischen Vergegenwärtigung
des bei den griechischen Dichtern geschilderten Geschehens

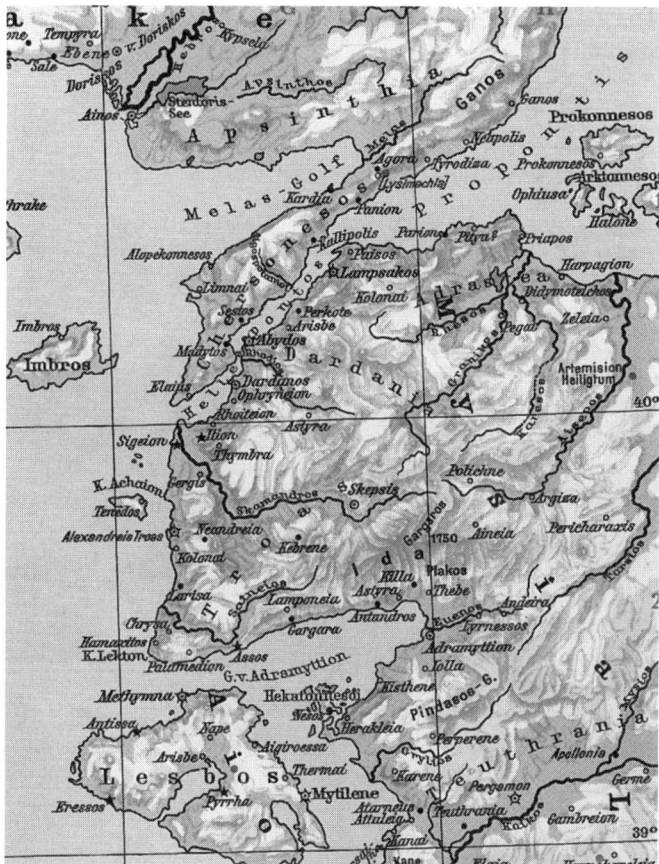

Abb. 2: Karte der Troas, von Teuthranien, der Halbinsel Chersonesos und
der Inseln Imbros, Tenedos und Lesbos. – Aus: Großer Atlas zur Weltgeschichte, S. 19, Georg Westermann Verlag, Braunschweig. Die Flüsse
Heptaporos, Selleeis, Pidys und Arisbos sind nicht bezeichnet, wobei letz-
terer aber an der Stadt Arisbe vorbeifloß.

21

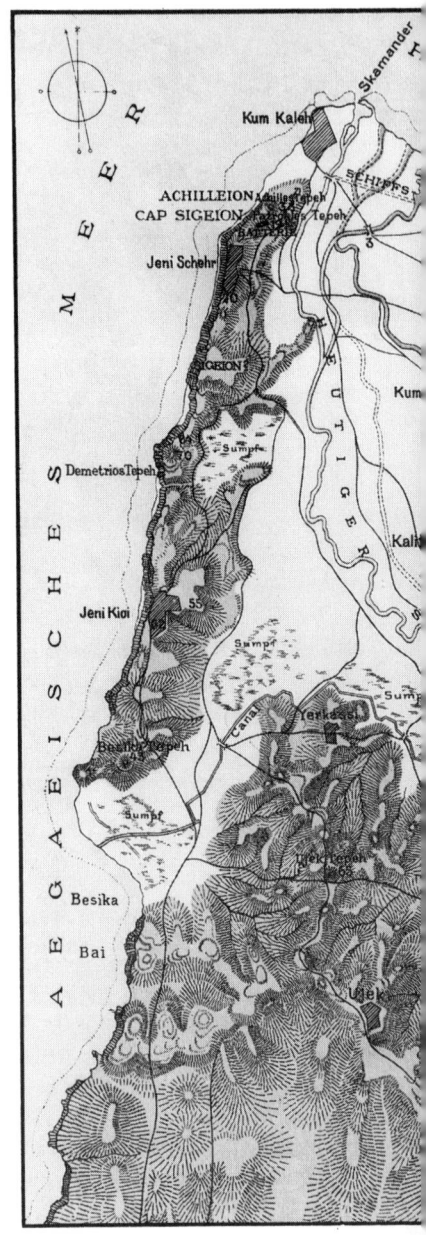

Abb. 3: Karte der Troas nach der Aufnahme von T. Spratt, vervollständigt 1894. Der Beşik Yassı Tepe ist das Vorgebirge ein wenig westlich vom Beşik Sivri Tepe/Beşika Tepe. Der unmittelbar nördlich von Eski Hisarlık gelegene, aber nicht bezeichnete Hügel ist der Fiğla Tepe. – Karte: Bildarchiv Foto Marburg.

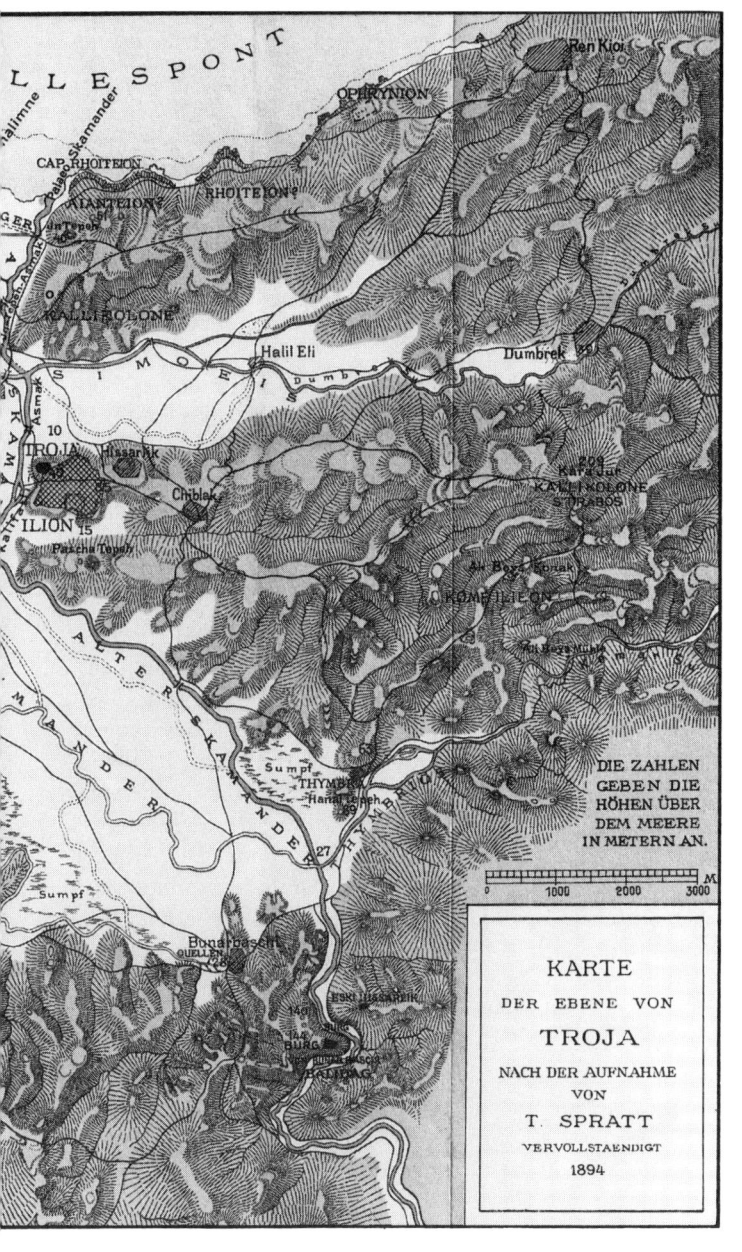

KARTE

DER EBENE VON

TROJA

NACH DER AUFNAHME
VON

T. SPRATT

VERVOLLSTAENDIGT
1894

DIE ZAHLEN
GEBEN DIE
HÖHEN ÜBER
DEM MEERE
IN METERN AN.

um Troia führte im Laufe der Zeit dazu, derartige Identifizierungen in Frage zu stellen.

1785 glaubte J. B. Lechevalier den Ort der Sage auf der ca. 12 Kilometer südlich der Dardanellen gelegenen Anhöhe ‚Ballı Dağ' 2 km südöstlich des Dorfes Bunarbaschi/Pinarbaşı gefunden zu haben – eine Auffassung, die für zwei Generationen die Vorstellungen der gelehrten Welt bestimmen sollte (Abb. 3). Die wenig eindrucksvollen Reste im Bereich des viereinhalb Kilometer von den Dardanellen entfernten Schutthügels beim Dorfe Hisarlık hatten bisher bei der Suche nach der Stelle der homerischen Stadt keine Beachtung gefunden, und auch die Frage nach der Lokalisierung des griechisch-römischen Ilion-Ilium hatte noch keine Rolle gespielt. 1801 konnte E. D. Clarke aufgrund von Funden zahlreicher Münzen, auf denen die Bezeichnung ‚Iliéon' stand – was soviel heißt wie ‚Prägung der Ilier' –, nachweisen, daß die griechisch-römische Stadt im Bereich von Hisarlık gelegen hatte. 1822 stellte Ch. Maclaren in einer Untersuchung der antiken Schriftquellen die These auf, daß die Stelle von Ilion-Ilium mit jener der homerischen Stadt identisch gewesen sei und sie daher bei Hisarlık gelegen haben mußte. Seine Annahme überprüfte er 1847 durch eine Reise in die Troas, woraus 1863 eine Neuausgabe seines Werkes resultierte. Die von ihm 1822 vertretene These konnte darin erhärtet werden. 1864 führten J. G. von Hahn, J. Schmidt und E. Ziller auf dem Ballı Dağ Grabungen durch, die ergaben, daß hier nur eine griechische Siedlung des 7. bis 4. Jhs., nicht aber eine bedeutend ältere gelegen hatte. Die Arbeiten von Maclaren und die erwähnten Grabungen markierten einen entscheidenden Durchbruch in der Lokalisierung. Dennoch konnte sich die Position Lechevaliers auch weiterhin behaupten.

Inzwischen bildeten die von T. A. Spratt angefertigte Karte der Troas und die von P. W. Forchhammer vorgelegte Beschreibung der Örtlichkeiten – auf der Grundlage der 1839 von beiden vor Ort durchgeführten Untersuchungen –, die 1850 erschienen, ein ausgezeichnetes und solides Fundament für wissenschaftliche Reisen und die Diskussion topo-

graphischer Fragen (Abb. 3). In Kenntnis des neuesten Forschungsstands und mit der Troas bestens vertraut, vertrat
F. Calvert, der zeitweise englischer und später ständiger amerikanischer Konsul in der Troas war, spätestens seit 1865
die Auffassung, Troia sei im Bereich von Hisarlık zu suchen. Er erwarb fast die Hälfte des Hügels und veranstaltete
Grabungen, wobei er unter anderem auf die Reste des Tempels der Athena Ilias, außerdem auf ältere Schichten und
griechische Keramik des 7. und 6. Jhs. stieß. Infolge familiärer und dadurch hervorgerufener finanzieller Probleme
mußte er jedoch auf eine Fortführung seiner Grabungen verzichten.

Als H. Schliemann im Jahre 1868 die Troas besuchte, war
also die Frage nach dem Ort der homerischen Stadt schon
beantwortet. Schliemann, in Unkenntnis des erreichten Forschungsstands und ganz im Banne Lechevaliers stehend, grub
auf dem Ballı Dağ, wo er die gleiche Erfahrung machte wie
seine Vorgänger im Jahre 1864. Nur durch Zufall lernte er
Calvert kennen, der ihn auf den Bereich von Hisarlık nicht
nur als der Stelle von Ilion-Ilium, sondern auch des alten
Troia hinwies, ihm Maclarens Untersuchung empfahl und ihn
für seine Theorie gewann. Schliemann – der keineswegs einem
Jugendtraum folgte, wie er in seiner eigenen Hagiographie
immer behauptete – verfügte über große Reichtümer und war
auf der Suche nach einem neuen Lebensinhalt, weshalb er
Calverts Anregung zur Duchführung von Großgrabungen auf
Hisarlık aufgriff. 1870 grub er 10 Tage dort, dann meist
jeweils mehrere Monate während der Jahre 1871, 1872,
1873, 1876, 1878, 1879, 1882, 1883, 1889 und 1890. Er
zeichnete sich zwar durch eine gute Kenntnis der antiken
Quellen zur Troas aus, aber ihm fehlte der Zugang zu der
inzwischen entwickelten philologischen und althistorischen
Forschung. Fest von der Glaubwürdigkeit der Sagenüberlieferung überzeugt und unberührt von den methodischen Fortschritten der klassischen Altertumswissenschaft, war er der
Meinung, daß dann, wenn die Stelle der homerischen Stadt
gefunden sei, damit auch der Nachweis erbracht sein würde,

daß der Troianische Krieg ein tatsächliches Geschehen in alter Zeit gewesen sei. So verquickte er wie viele andere in unreflektierter Weise das Problem der Lokalisierung mit dem der angeblichen Geschichtlichkeit der bei Homer geschilderten Ereignisse. Weiterhin glaubte er, die Grabungsarchäologie könne klare Indizien dafür erbringen, daß Troia, wie in der Sage geschildert, belagert und erobert worden sei. Auch besaß er zur Zeit der Aufnahme seiner Grabungen nicht die geringste Erfahrung in der Feldforschung, was zu eklatanten Fehlern in der Grabungstechnik und zu folgenreichen Fehlurteilen führte. Obwohl von Calvert davor gewarnt, trieb er große Gräben in den Hügel Hisarlık. Da er davon überzeugt war, daß die homerische Stadt auf dem Fels gegründet worden sei, trug er die Reste aller von ihm für jünger gehaltenen Schichten rücksichtslos ab. Die Haltlosigkeit seiner Grabungsmethode ließ zweifellos im Laufe der Jahre nach, perfektioniert wurde seine Vorgehensweise aber nie. Darüber hinaus liebte er interpretatorische Schnellschüsse und war keineswegs frei vom Hang zur Selbstinszenierung oder zur Verschleierung von tatsächlichen Befunden. Dennoch gebührt ihm das Verdienst, große finanzielle Mittel in die Grabungen investiert, wichtige Resultate erzielt, einen entscheidenden Beitrag zur Erforschung der Vorgeschichte Nordwestkleinasiens geleistet und das Interesse eines breiten Publikums geweckt zu haben. Zu würdigen ist auch, daß ihm rasch die entscheidende siedlungsgeschichtliche Bedeutung von Keramik und Stratigraphie – d.h. der Untersuchung und Beschreibung der verschiedenen Fundschichten – klar wurde, er die sich gerade entwickelnde Technik der Photographie einsetzte, die Anwendung naturwissenschaftlicher Methoden nicht verschmähte und über die Fähigkeit verfügte, kompetente Mitarbeiter zu gewinnen.

Als homerische Stadt galt Schliemann bis zu seinem Tode die sogenannte verbrannte Stadt, bis 1882 von ihm als dritte Schicht, dann als zweite gedeutet (Abb. 13a. b – s. Farbteil). Die in der Campagne des Jahres 1890 erfolgte Entdeckung von gewaltigen Bauresten und mykenischer Keramik der sechsten Schicht beunruhigte ihn zwar, brachte ihn aber dennoch nicht von seiner Meinung ab, die zweite Schicht sei die von Troia – Ilios (Abb. 4.13 a. b). Noch im selben Jahr nahm ihm der Tod den Spaten aus der Hand.

Obwohl nur schwer für Kritik von außen zugänglich, waren Schliemann seine Mängel als Ausgräber nicht verborgen geblieben. Deshalb nutzte er die Chance, einen auf diesem Felde ausgewiesenen Wissenschaftler zu gewinnen. Es handelte sich um W. Dörpfeld, der seine Grabungserfahrung 1877–1881 bei den vom Deutschen Reich in Olympia durchgeführten Grabungen erworben hatte. Dieser war mit guter humanistischer Bildung ausgestattet und als Architekt ausgebildet, besaß eine scharfe Beobachtungsgabe, sachliches Urteilsvermögen und einen ausgeprägten Sinn für Systematik. Er nahm seit 1882 an den Grabungen auf Hisarlık teil. Nach dem Tode Schliemanns wurden die Grabungen von ihm in zwei großen Campagnen, 1893 und 1894, fortgeführt und zu einem vorläufigen Abschluß gebracht (dargelegt in dem Werk *Troia und Ilion. Ergebnisse der Ausgrabungen in den vorhistorischen und historischen Schichten von Ilion 1870–1894* (publiziert 1902), das die traditionsreiche Idealdarstellung der sogenannten neun Schichten enthält (Abb. 13 a. b). Als Anhänger des Team-Gedankens hatte er sich eine interdisziplinäre Mannschaft zusammengestellt. Noch mehr als Schliemann stellte er die Technik der Photographie in den Dienst der ‚Wissenschaft des Spatens‘. Die schwierige baugeschichtlich-stratigraphische Situation auf Hisarlık wurde von ihm glänzend bewältigt. Das ist am leichtesten den von Dörpfeld erstellten Plänen zu entnehmen. Die Siedlungsphasen konnten nun viel klarer als vorher geschieden werden. Es zeigte sich, daß es die sogenannte zweite Stadt – und nicht die dritte –, daß es Troia II war, das von einem verheerenden Brand zerstört worden war. 1890 konnten neun Schichten oder Städte, und nicht nur sieben wie zuvor, unterschieden werden (Abb. 13 a. b – s. Farbteil). Außerdem wurden Keramik und Baureste entdeckt, die der sechsten Schicht, also Troia VI, angehörten und aufgrunddessen die Stadt in die Zeit der sog. mykenischen Kultur Griechenlands datiert werden konnte, die damals zwischen 1500 und 1000 angesetzt wurde. Dörpfeld erkannte schnell, daß Troia II seine Rolle als Kandidat für die Gleichsetzung mit jener Stadt, von der die homerischen Epen erzählen, ausgespielt hatte – war es doch viel zu alt, und wies es doch keine Spuren einer kulturellen Verbindung zum griechischen Festland, insbesondere zu Mykene und den anderen von Homer erwähnten Orten, auf. Diese Einsicht verfestigte sich bei Dörpfeld in den Campagnen der Jahre 1893 und 1894. Da ihm klar war, daß spätere Archäologen die Grabungsmethodik verfeinern würden, ließ er eine größere Zahl von Erdkegeln und Arealen unangetastet.

So sehr sich Dörpfeld in vielem von Schliemann unterschied, in einem Punkt gab es zwischen ihnen nur unwesentliche Differenzen: Wie Schliemann war Dörpfeld davon überzeugt, daß die Sage einen umfangreichen historischen Kern hatte, der für ihn aber am Ende der Bronzezeit, um 1000, lag, und den man mit Hilfe der Grabungsarchäologie nachweisen konnte. Nur in der Beurteilung der Genauigkeit der Tradition machte er Abstriche, so etwa im Hinblick auf die Dimensionen von Troia und die Truppenstärke, von der Homer spricht. Ansonsten hielt er wie Schliemann bis zu seinem Tode im Jahre 1940 an der Meinung fest, daß die von Homer besungene Stadt von Priamos regiert, von Hektor und anderen verteidigt und von einer großen Koalition griechischer Könige und Heere unter der Führung von Agamemnon und unter maßgeblicher Beteiligung von Helden wie Achilleus, Odysseus, Diomedes und vielen anderen bekämpft und nach langer Belagerung eingenommen worden war.

Einen großen Teil der bei seinen Grabungen auf Hisarlık gemachten Funde hatte Schliemann seiner in Athen aufbewahrten Sammlung einverleibt. Diese wurde von ihm 1881 dem deutschen Volk geschenkt und in Berlin ausgestellt. Die Bedeutung der Sammlung liegt auch heute noch darin, daß sie nicht nur wichtige Funde der Grabungen Schliemanns, sondern auch solche derjenigen Dörpfelds enthält, darunter viele, für die sich noch die Fundkontexte ermitteln lassen. Die Veröffentlichung von Schliemanns Sammlung Trojanischer Altertümer in Berlin führte H. Schmidt, ein Teilnehmer an der Campagne 1894, durch. Das Katalogwerk erschien 1902.

Die Grabungen Schliemanns und Dörpfelds konzentrierten sich zwar auf Hisarlık und stellenweise auch auf seine nähere Umgebung, ließen aber auch die vielen kleinen Hügel in der Troas sowie den Kara Ağaç Tepe auf der Halbinsel Chersonesos bei der antiken Stadt Elaius (Abb. 2) nicht außer acht. So hatte Schliemann u. a. die schon 1785 ausgegrabenen sogenannten Grabhügel des Achilleus und Patroklos auf Kap Sigeion an der Westküste der Troas untersucht (Abb. 3).

Mit den Arbeiten Dörpfelds waren die Forschungen auf Hisarlık jedoch nicht beendet. Zwischen 1932 und 1938 wurde wieder der Spaten angesetzt, diesmal von amerikanischen Archäologen der Universität Cincinnati/Ohio unter der Leitung von C. W. Blegen. Der damals bereits in hohem Alter stehende Dörpfeld hat sie mehrfach besucht. Blegens Grabungen bestätigten grundsätzlich das von Dörpfeld entworfene Bild von Stratigraphie und Baugeschichte, differenzierten und präzisierten es aber auch. Es wurde erkannt, daß meist jede Schicht in mehrere Bauphasen zerfiel, insgesamt handelte es sich um 46. Für Blegen war das Dörpfelds Schicht Troia VII 1 entsprechende und nach ihm um 1240 untergegangene Troia VII a die homerische Stadt (Abb. 13 a. b. 14). Um diese Stadt hatte Blegen zufolge der Troianische Krieg, der Kampf mykenischer Griechen unter der Führung Agamemnons gegen die Troianer unter Hektor und Paris und anderen stattgefunden. Darüber hinaus zog er den folgenschweren Schluß, daß Hisarlık nach dem Untergang der letzten bronzezeitlichen Siedlung, von Troia VII b 2, um 1100, ca. vierhundert Jahre lang unbewohnt geblieben und erst um 700 von Griechen besiedelt worden sei.

Den Meinungen, Troia VI oder Troia VII a seien die homerische Stadt und der Dichter beziehe sich in seinen Angaben zum Aussehen des umkämpften Ortes auf eine dieser Schichten, widersprach vehement der Vorgeschichtler R. Hachmann 1964; und der Vorstellung von einem historischen Krieg um Troia stand er vollends skeptisch gegenüber.

1988 kam es zu einer erneuten Aufnahme der Grabungstätigkeit im Bereich von Hisarlık, nun unter der Leitung von M. Korfmann von der Universität Tübingen und unter maßgeblicher Beteiligung von B. Rose von der Universität Cincinnati. Wichtige Ergebnisse wurden erzielt, u. a. der Nachweis, daß Troia VI eine größere Untersiedlung gehabt hatte und daß die den Tempel der Athena Ilias umgebenden Säulenhallen aus dem 3. Viertel des 3. Jhs. stammten (Abb. 12 a. 13 a. b). Außerdem konnte die Stadtmauer von Ilion-Ilium in die gleiche Zeit datiert werden (Abb. 15). Zum Projekt Korfmanns gehört auch die Erforschung des Umlandes von Troia, die manche neue Erkenntnis brachte. Korfmann äußerte sich häufig zur Frage der Geschichtlichkeit des Troianischen Krieges, wenn auch eher unzusammenhängend und bisweilen kryptisch. Er verwendete dabei die Formel von den ‚vielen Troianischen Kriegen‘, die um die Stadt geführt worden seien. Andererseits gibt es für ihn anscheinend wohl so etwas wie einen Troianischen Krieg um Troia VI in der Zeit um 1250, der jedenfalls nach seinen Äußerungen aus den Jahren zwischen 1980 und 1990 von mykenischen Griechen geführt worden sein soll. Wie er diese Frage gegenwärtig beurteilt, ist mir nicht klar. Außerdem sieht er das Ende von Troia VII a um 1180 als Folge eines ‚Troianischen Krieges‘ an, für den er aber ein aus dem Balkan kommendes Volk verantwortlich macht. Im Gegensatz zu derartigen Hypothesen zeigte der Verfasser des vorliegenden Buches durch eine kritische Überprüfung der Grabungsergebnisse Dörpfelds und Blegens und die Heranziehung unbekannt gebliebener und wenig beachteter Funde aus diesen Grabungen, daß von einem Feldzug mykenischer Griechen gegen die Stadt, sei es nun Troia VI oder Troia VII a, keine Rede sein kann. Auch legte er dar, daß sich Griechen seit dem späten 11. Jh. in den Ruinen von Troia VII b 2 niederließen und von nun an hier wohnten, die spätbronzezeitliche Ringmauer erneuerten und sie als Erinnerungsmal ihrer Landnahme betrachteten. Im Gegensatz dazu versuchte Korfmann zu zeigen, daß sich an das Ende von Troia VII b 2 kurzzeitig eine Nachfolgesiedlung, Troia VII b 3, anschloß, in der auch griechische, und zwar sogenannte protogeometrische Keramik, verwendet wurde, und daß nach ihrem Ende um 950 der Ort nur noch spärlich bewohnt war, bis es erst um 750 wieder zu einer nennenswerten Besiedlung kam, die auf Griechen zurückging. Darüber hinaus gab Korfmann den schon von Schliemann und Dörpfeld entdeckten Spuren einer byzantinischen Siedlung den Namen Troia X.

Neben den angeführten Tätigkeiten vor Ort existiert seit 1994, konzipiert und koordiniert vom Autor dieses Bandes, ein von der Deutschen Forschungsgemeinschaft und dem Deutschen Archäologischen Institut unterstütztes Projekt zur Neupublikation der Schliemann-Sammlung und zur Aufarbeitung der Grabungsunterlagen Dörpfelds. Dieses Projekt wird in Zusammenarbeit mit dem Museum für Vor- und Frühgeschichte in Berlin, in dem sich der größte Teil dieser Sammlung befindet, durchgeführt. Die bislang erzielten Resultate, die zum Teil bereits publiziert wurden, sind in die nachfolgenden Ausführungen eingegangen.

Mit der Erforschung von Troia I–VII, also von ungefähr 2000 Jahren Bronzezeit (Abb. 4. 13 a. b. 14), ist eine ganz andere, lange historische Epoche in Umrissen sichtbar geworden als in den von Homer beschriebenen Geschehnissen und der von ihm geschilderten Welt.

III. Troia-Ilion:
Die Lage der Stadt in ihrer naturräumlichen Umgebung

Troia liegt in der Nordwestecke Kleinasiens, in der Landschaft Troas, gegenüber der Südspitze der Halbinsel Chersonesos (Abb. 1. 2). Die Troas und die Chersonesos sind durch die heute als *Dardanellen* bekannte Meerenge voneinander getrennt, die in der Antike unter anderem wegen ihres Fischreichtums berühmt war. In der südöstlichen Troas schiebt sich das Ida-Gebirge von Westen nach Nordosten vor, sein höchster Berg trug den Namen Gargaron (1750 Meter über dem Meeresspiegel); auf ihm befand sich schon zu Homers Zeit eine Kultstätte des Zeus. Damals zeichnete sich dieses Gebirge durch seinen Waldreichtum aus. Hier entspringen viele Flüsse des nordwestlichen Kleinasien, so z. B. der durch den Sieg Alexanders des Großen über die Perser (334) berühmt gewordene Granikos, aber auch der in der Ilias immer wieder erwähnte Skamander (Abb. 2. 3). Dieser wendet sich nordöstlich des antiken Neandria nach Norden, läuft dann zwischen zwei Bergzügen hindurch und tritt unmittelbar unterhalb der Anhöhe Ballı Dağ beim Dorf Bunarbaschi (heute Pınarbaşı) in eine breite Ebene ein (Abb. 2. 3). An der Stelle, wo der von Osten kommende Thymbrios auf den Fluß trifft, zweigen zwei Läufe des Skamander nach Norden ab – ein östlicher, der jenem Flußlauf des 8. Jhs. entsprechen könnte (der ‚Alte Skamander‘), und ein westlicher, der mit jenem seit dem 5. Jh. in den Quellen belegten Strom übereinzustimmen scheint (der ‚Neue Skamander‘). In den östlichen Lauf mündet bei dem heute verlassenen Dorf Kum Kioi der von Osten kommende, ebenfalls in der Ilias oft genannte Simoeis. So vereinigt bewegen sich die beiden Flüsse in zwei Armen auf die Dardanellen zu: Im Osten ist es der heute als Intepe Asmak bezeichnete Lauf, im Westen ein solcher, der einen großen Bogen beschreibt. In der späten Bronzezeit reichte das Meer allerdings weit in das Land hinein, und zwar bis etwa zum heute verlassenen Dorf (Alt)Kalifatlı, und westlich davon sogar noch etwas tiefer. Die damaligen Siedlungen Troia VI/VII lagen also unmittelbar am Meer. Zwischen 1000 und 500 verlandete die Bucht immer mehr, weil Skamander und Simoeis soviel Sand und Erde anschwemmten, daß schon im 8. Jh. die Küstenlinie nur wenig unterhalb der Vereinigung der beiden Flüsse verlief. Die Siedlung, die zu jener Zeit bestand, Troia VIII, war also eineinhalb bis zwei Kilometer vom Meer entfernt. Die verschiedenen Läufe des Skamander und der Simoeis, deren Ufer heute ebenso wie in der Antike Ulmen, Tamarisken, Lotos und Binsen säumen, bilden Täler, in denen in der Antike, abgesehen von den versumpften Stellen, Ackerbau und Viehzucht betrieben wurden (Abb. 3).

Von der Ebene des östlichen Skamanderlaufes und dem Tal des Simoeis umgeben, liegt Troia auf dem westlichsten Ausläufer eines niedrigen Kalksteinplateaus. Dieser Ausläufer fällt nach Norden, zum Simoeistal, steil ab, aber auch seine Westseite ist nicht leicht zu erklimmen. Die älteste hier gegründete Siedlung, Troia I, erhob sich auf ihm in einer Höhe von durchschnittlich 10 Metern über der Ebene des Simoeis und 26 Metern über dem Meeresspiegel (Abb. 13 a. b). Die zahlreichen Niederlassungen, die hier im Laufe der Zeit angelegt wurden, führten dazu, daß sich immer mehr Schutt anhäufte und sich das Niveau des etwas mehr als 200 Meter langen und nach Süden 100 Meter breiten Siedlungsplatzes zunehmend erhöhte. Die späteren türkischen Umwohner nannten daher das bei der Ruinenstätte gelegene Dorf ‚Hisarlık = Palast‘, wobei dieser Name aber zugleich zur Bezeichnung des Schutthügels diente; wenn hier im folgenden dieser Name verwendet wird, so meint er die Ruinenstätte (Abb. 3). Ihr Vorfeld fällt nach Süden nur leicht, nach Osten sogar ganz sanft ab, an seinem Nord- und Westabhang sprudeln an verschiedenen Stellen Trinkwasser spendende Quellen hervor.

Etwa 10 Kilometer südwestlich von Troia liegt jenseits der Skamanderebene ein breiter Strand, die Beşika-Bucht. Ihr nördliches Vorgebirge bildet der Beşik Yassı Tepe, auf dem im frühen 3. Jt. und von ca. 600–300 jeweils eine kleine Siedlung stand (Abb. 3). Ein wenig östlich davon, landeinwärts, erhebt sich der Beşik Sivri Tepe/Beşika Tepe – ein großer, künstlicher Hügel. Die Siedlung griechischer Zeit wurde mit der Stadt Achilleion, der Hügel aber mit dem angeblichen Grab des Achilleus identifiziert, in dem der Sage nach der berühmteste griechische Held des Troianischen Krieges bestattet worden sein soll; sicherlich sind beide Identifizierungen falsch. Nach Norden erstreckt sich entlang der Westküste ein niedriger Hügelzug, wo tatsächlich die griechischen Städte Sigeion und Achilleion – dieser Ort vermutlich an der Stelle des Dorfes Jeni Schehir – lagen. Auf dem nördlich davon nach Osten umknickenden Vorgebirge, dem antiken Kap Sigeion, befinden sich Hügel, die in der Antike für das Grab des Achilleus und das Grab des Patroklos, des besten Freundes von Achill, gehalten wurden. Die an dieses Vorgebirge anschließende Landspitze, der nordwestlichste Punkt Kleinasiens, wird von der türkischen Festung Kum Kale gesichert; sie dürfte erst in nachantiker Zeit entstanden sein. Ihr gegenüber, unmittelbar östlich des Intepe Asmak, bei Kap Rhoiteion, auf dem das angebliche Grab des sogenannten Großen Aias lag, des nach Achill gewaltigsten Griechenhelden, erhebt sich eine niedrige Hügelkette, auf der die antiken Städte Rhoiteion und Ophryneion standen. Irgendwo in der Nähe von Ophryneion ist das ‚Grab des Hektor‘, des größten Helden der Troianer zu suchen (Abb. 3).

Trotz der starken Nordostwinde, die Troia umwehen, darf seine Lage, sofern die Bevölkerungszahl die Ressourcen nicht überforderte, als günstig bezeichnet werden: nahe am fischreichen Meer, am Nord- und Westrand auf natürliche Weise geschützt, an allen Seiten leicht zu befestigen, von Quellen und fruchtbaren Tälern umgeben und nach Süden auf das nicht allzu weite, quellen- und waldreiche Idagebirge blickend.

IV. Die berühmten sogenannten neun Schichten oder Städte

Troia I–V

Auf Dörpfeld geht, wie in Kap. II schon bemerkt, die Einteilung des auf Hisarlık im Laufe der Zeit aufgehäuften Siedlungsschuttes in neun Schichten oder Städte, Troia I–IX, zurück (vom gewachsenen Boden an gerechnet, Abb. 4. 13 a. b. 14).

Schon die älteste Schicht, Troia I, das in die 1. Hälfte des 3. Jts. gehört, bestand aus einer Burg und einer Untersiedlung. In der Burg, die einen Durchmesser von 90 Metern hatte, lag unter anderem in CD 3 ein 16 Meter langes Megaron, d. h. ein rechteckiges Haus mit einer offenen Vorhalle und einem Hauptraum (Abb. 14). Es war vielleicht der Sitz des damaligen Herrschers. Ein Brand bereitete dieser Niederlassung das Ende. Die Burg von Troia II (2600–2400) umschloß mit einem Durchmesser von 120 Metern einen Bezirk mit mehreren Megara (Mehrzahl von Megaron), von denen das größte – wohl der Palast des Herrschers – 35 Meter lang war (DE 4/5). Auch diese Zitadelle war von einer Untersiedlung umgeben. Durch heftige Brände wurden ihre letzten Bauphasen, Troia II g und II h, zerstört. Aus diesen Schichten könnten der berühmte sogenannte ‚Schatz des Priamos‘ und die anderen Schatzfunde, die Schliemann einst fand und fälschlicherweise dem sagenhaften König zuschrieb, stammen; sie sind, von wenigen Stücken abgesehen, am Ende des 2. Weltkriegs nach Moskau gelangt. Nach der Zerstörung von Troia II h kam es zu einem Wiederaufbau, allerdings nach einem neuen Plan, das sog. Troia III (2400–2200). Auf eine eventuelle Siedlungslücke folgten die weniger bedeutenden Städte Troia IV und V (2200–1700). Die Befestigungsmauern von Troia I–V bestanden aus außen geböschten, also abgeschrägten, Kalksteinsockeln und einem Aufbau aus luftgetrockneten Lehmziegeln. Die Hauswände waren auf ähnliche Weise errichtet, allerdings besaßen die Steinfundamente außen senkrechte Wände; außerdem wurde der Lehmziegelaufbau manchmal durch eine Art von Fachwerkkonstruktion verstärkt. Vermutlich waren die Dächer flach und leicht geneigt, um das Regenwasser abfließen zu lassen; sie bestanden aus Holzbalken mit einer darüber gelegten Schicht aus Schilfrohr, und darauf lag eine Erdschicht. Die Schichten Troia I–V werden der Frühen Bronzezeit zugewiesen, einer Epoche, in der man Werkzeuge und Waffen anfangs aus Kupfer und später aus Bronze, einer Legierung aus Kupfer und Zinn, herstellte; allerdings wurden häufig auch noch solche aus Stein, Holz und Knochen benutzt. In der Bauphase Troia II b wurde im übrigen die Töpferscheibe und damit eine für die Menschen überaus wichtige technische Neuerung eingeführt.

Der mittleren und späten Bronzezeit gehören Troia VI, VII a, VII b 1 und VII b 2 an (etwa 1700–1020). Von ihnen ist Troia VI zweifellos die größte und prächtigste Stadt. Sie wird in insgesamt acht Bauphasen, Troia VI a–h, eingeteilt, die wiederum zu drei Unterperioden zusammengefaßt werden, Troia VI a–c = Troia VI Früh (1700–1570), Troia VI d und e = Troia VI Mitte (1570–1420) und Troia VI f–h = Troia VI Spät (1420–1300, das Enddatum ist nicht ganz sicher).

Troia VI

Kern der Stadt war die Burg (Abb. 15. 13 a. b. 4), die im folgenden in ihrem Zustand zur Zeit von ,Troia VI Spät' beschrieben wird. Sie war von einer Befestigungsmauer von 550 Metern umgeben, hatte einen Durchmesser von 220 Metern und eine Innenfläche von 20 000 m². Es handelt sich dabei also um eine kleine Zitadelle. Aber Ringmauer und Häuser waren gewaltig, die Bautechnik oft vorzüglich. Erhalten hat sich die Mauer leider nur im Nordosten, Osten, Südosten, Süden, Südwesten und Westen; von der Mauer im Norden ist nur noch ein kleiner Rest an der Schnittlinie von FG 3 übrig (Abb. 4. 13 b.). Jedoch konnte der Verlauf der Nordmauer, die, von dem eben erwähnten Rest abgesehen, in der Zeit des Kaisers Augustus, bald nach 20, abgetragen wurde, von D. F. Easton rekonstruiert werden (Abb. 4).

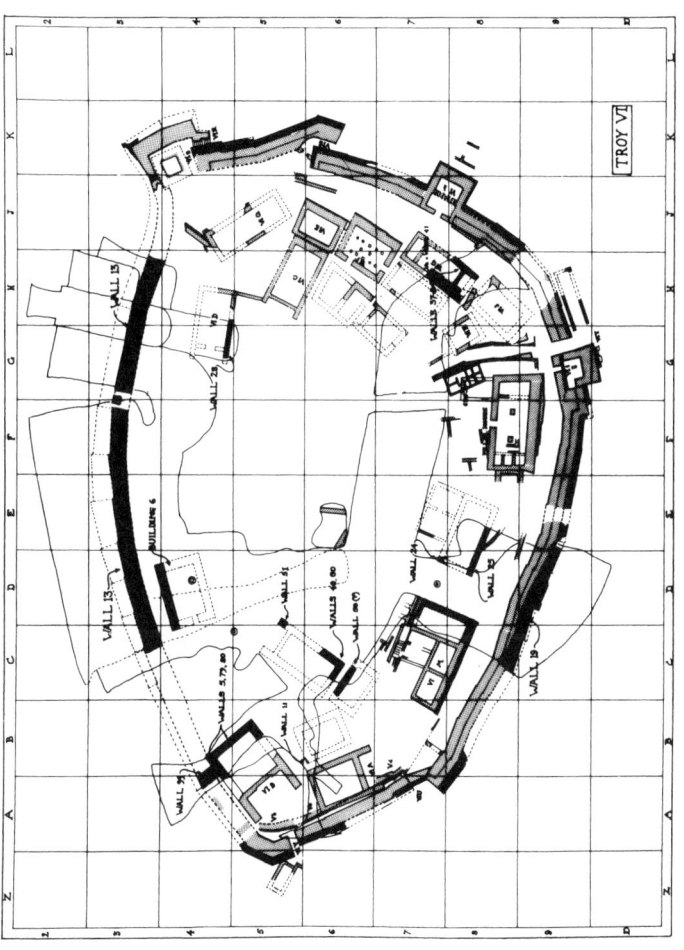

Abb. 4: Plan der Burg von Troia VI um 1300. Rekonstruktion von D. F. Easton. – Aus: D. F. Easton, Reconstructing Schliemann's Troy, in: W. M. Calder III – J. Cobet, Heinrich Schliemann nach hundert Jahren. Symposion in der Werner-Reimers-Stiftung Bad Homburg im Dezember 1989 (1990). S. 436. Fig. 8.

37

Abb. 5: Rekonstruktions-zeichnung des Südosttores (VI S) und der Südostmauer samt den dahinter gelegenen Häusern der Burg von Troia VIIa (J K 6–8). Im Vordergrund rechts ist der Südostturm (VI h) zu sehen. Die über dem Südosttor ergänzten Türme stellen eine ganz hypothetische Interpretation dar.
Aus: P. Connolly, Die Welt des Odysseus (1986) S. 49, Abb. unten.

Abb. 6: In der Mitte des Bildes sieht man die Hauptecke der Nordostbastion (VI g) von Troia VI mit späteren Anbauten (J K 3) während der
Grabung 1893. Rechts sieht man die griechische Treppe mit der sie seitlich
begleitenden Mauer aus kleinen Steinen, beides um 400 an die Nordseite
der Bastion angebaut. Das gewaltige Fundament aus sorgfältig gearbeite-
ten Quadern in der linken Bildhälfte ist das im 3. Viertel des 3. Jhs. an die
Bastion angebaute Fundament IX N; in der Mitte rechts kann man noch
oberhalb der ‚Plattform‘ zwei Steinlagen der Ostmauer der Bastion der
Schicht VI sehen. Darüber liegt der obere Teil des Fundamentes IX N (die
stark zerstörten Quaderreihen). Der verschattete untere Teil des Fundamentes IX N besteht aus nur grob behauenen Blöcken. – DAI Athen,
Dörpfeld, Neg. Nr. Troia 162.

In JK 3/4 erhob sich das mächtigste Bollwerk, die Nordostbastion VI g, die einen großen, in den Felsen hineingetriebenen Brunnen B b umschloß (Abb. 4. 13 b). Es war ein turmartiger Vorsprung von insgesamt 20 Metern Länge und mit einer Ostmauer von 5 Metern Dicke. Die Hauptecke der Bastion richtete sich nach Norden und reichte tief den Abhang hinunter; sie ist heute noch gut zu sehen und ein markanter Teil der Befestigung von ‚Troia VI Spät' (Abb. 6). Auf jenem auf dem Felsen gegründeten, etwa 7 Meter hohen Steinsockel ruhte ein Aufbau aus luftgetrockneten Lehmziegeln. Darüber war wohl noch ein mit Zinnen versehener Wehrgang aus Lehmziegeln angebracht, wobei auf mehrere Ziegelschichten eine Holzbalkenlage gekommen sein könnte. Die Gesamthöhe der Bastion betrug mindestens 13 Meter. An ihrer Nordseite lief eine Rampe von der Ebene zu einem hoch gelegenen Tor (VI R); in ihrer Südmauer öffnete sich eine ebenfalls hoch gelegene Pforte zur Unterstadt; von der Pforte konnte man über eine Treppe zu dem Brunnen B b *hinab*steigen. Östlich der Pforte begann die Ostmauer, die sich von K 4 bis K 6 erstreckte. Ihr Sockel war 4 Meter hoch, in Fußbodenhöhe außen zwischen 5 und 6 Metern und oben 4,50 Meter stark; darauf saß am äußeren Rand ein senkrechter, 2 Meter breiter Oberbau, dessen ursprüngliche Höhe nicht mehr zu ermitteln ist. Der Sockel reichte also am Fuß des Oberbaus noch 2,50 Meter nach innen. Der Oberbau war wohl von einem mit Zinnen versehenen Wehrgang aus luftgetrockneten Lehmziegeln bekrönt (Abb. 5). Die Ostmauer knickte in K 6 um und ihr Mauerende bildete mit dem nördlichen, zum Innern der Burg hin versetzten Teil der Südostmauer das Südosttor VI S (Abb. 4. 13 b). Der Oberbau deckte am Ende der Ostmauer deren gesamte Breite ab, und der Wehrgang umgab wohl deren Ost- und Südrand. Das Südosttor hatte folgendes Aussehen: Ost- und Südostmauer flankierten den zum Tor in JK 5/6 führenden Zugang, d.h. sie verliefen hier ein Stück parallel zueinander. Der Zugang bog nach Westen um und stieß dann auf das Tor. Der Zweck dieser Bauform bestand darin, den Angreifer von beiden Seiten unter

Beschuß nehmen zu können. Die wie die Ostmauer konstruierte Südostmauer erstreckte sich von K 6 bis G 9. An sie hatte man in einer zweiten Bauphase in JK 7/8 den mindestens zweistöckigen Südostturm VI h gesetzt. In G 9 öffnete sich das Südtor VI T, der Haupteingang der Burg. Er war anfangs ein einfacher Durchlaß mit einem sich nach Westen zu dem Turm VI k – der breite Vorsprung in FG 9 – hinziehenden Mauerstück, so daß zwischen Tor und Turm freier Raum blieb. Dieser wurde in einer zweiten Bauphase mit dem mächtigen Turm VI i zugesetzt, so daß das Tor noch besser geschützt war als zuvor. Die hier beginnende, lange Südmauer schloß in A 7 bastion- oder turmartig ab, dann folgte das nach hinten versetzte Südwesttor VI U. Die Südmauer war in der gleichen Weise wie die zuvor besprochenen Mauerabschnitte gebaut. Vom Südwesttor erstreckte sich die Südwestmauer bis nach A 5; ihr Sockel war nur 3 Meter dick und hatte einen ebenso starken Oberbau, auf dem vielleicht ein Wehrgang in der Art des oben beschriebenen saß. Die Südwestmauer endete mit der schmalen Westpforte VI V in zA 5 (Abb. 4). Dahinter, aber nach außen versetzt, schloß die Westmauer an, die hier *mehr* als 6 Meter hoch und deren Sockel oben 4,50 Meter breit war; noch in zA 5 knickte sie nach Norden ab. Von da an erklomm sie den steilen Abhang und zog sich von B 4 als Nordmauer in einem leichten Bogen bis zu dem Tor in JK 3 hin (Abb. 4). Sie war in einer Höhe von 10 Metern über dem Tal des Simoeis in älteren Schutt eingebettet, ihr Sockel vermutlich oben 3 bis 4 Meter breit. Es sieht so aus, daß sie nicht mit Türmen oder Bastionen bestückt war und vielleicht *nur* noch einen Wehrgang aus luftgetrockneten Lehmziegeln trug.

Die Mauer der Burg war nicht mit einem Male, sondern erst nach und nach gebaut worden: Die Südwestmauer war der älteste Teil, sie wurde noch in ‚Troia VI Mitte' errichtet. Es folgten in ‚Troia VI Spät' in einer zweiten Bauphase die Errichtung von Ost-, Südost-, Süd-, West- und Nordmauer, in einer dritten die von Nordostbastion, Südostturm und Südturm. Die einzelnen Abschnitte waren je nach Bauzeit aus unterschiedlich gut gefügtem Kalksteinmauerwerk ohne Mörtel errichtet: Die sorgfältig bearbeiteten Blöcke der letzten Phase lagen ohne Mörtel oder ein anderes Bindemittel unmittelbar aufeinander, die Fugen zwischen den roher zugehauenen Steinen der beiden älteren Phasen waren dagegen mit Lehm und/oder Steinchen gefüllt.

Näherte man sich der Zitadelle von Norden (Abb. 3), so erblickte man die sich hoch über dem steilen Abhang zur Simoeisebene aufrichtende Nordmauer (Abb. 4). Gewaltig muß die Mauer auch im Westen, vor allem in zA 5, gewirkt haben. Im Osten war sie von der tief den Abhang hinunterreichenden und hoch aufragenden Nordostbastion begrenzt. Nicht so mächtig, aber sicherlich auch sehr eindrucksvoll, wirkte die Mauer im Osten, Südosten, Süden, Südwesten (Abb. 4). Der Sockel zwischen der Nordostbastion und dem Nordwesttor sowie der West- und Nordmauer war außen geböscht und wies etwa alle 8 bis 9 Meter senkrechte, schmale und zwischen 10 und 30 Zentimetern vorkragende Kanten auf, die geglättet waren (Abb. 4. 13 a. b). Eine überzeugende Erklärung dafür fehlt, in jedem Fall wurden der Mauer so gliedernde Akzente gegeben.

Das Innere der Burg war terrassenförmig angelegt, die einzelnen Terrassen verliefen etwa konzentrisch (Abb. 4. 13 a. b). Entlang der Befestigungsmauer zog sich von der Nordostbastion bis zum Haus VI A in AB 6/7 eine ungepflasterte Ringstraße. Dann kam die erste Terrasse, auf der in FG 8/9 das *Pillar-House* (= Pfeilerhaus) und in BCD 7/8 das Haus VI M standen. Es folgte die nächste Terrasse mit dem Haus VI C in HJ 5/6 und eine noch höhere mit dem Haus VI D in GH 4. Ungefähr in der Mitte der Zitadelle muß wohl, eventuell noch höher, der Palast- und Kultbezirk gelegen haben. Von ihm blieb nichts erhalten, denn durch die Baumaßnahmen der Phase Troia IX wurde er im späten 4. und im 3. Jh. abgetragen und das Areal planiert. Daher ist unbekannt, wie das Zentrum der Burg zur Zeit von ‚Troia VI Spät‘ aussah. Vom Südtor lief, wohl in der Fluchtlinie eines zum Südosttor von Troia II führenden alten Weges, eine von außen kommende, gepflasterte Straße zur höchsten Terrasse hinauf, eine ähnliche lief durch das Südwesttor auf die Ringstraße zu, wohl ebenfalls in der Fluchtlinie eines zum Südwesttor von Troia II führenden Weges liegend. Erstere war vermutlich die Hauptstraße der Burg (Abb. 4. 13 b).

Die Häuser waren sehr groß; ihre aus luftgetrockneten Lehmziegeln errichteten Wände ruhten auf mächtigen Kalksteinsockeln, die Dächer sahen so aus wie in der Frühen Bronzezeit. Es gab verschiedene Haustypen: so vermutlich einstöckige Megara wie z. B. das Haus VI A, das eine Länge von 20 Metern hatte, aber auch einräumige, gelegentlich zweigeschossige Bauten wie beispielsweise das Haus VI F in HJ 6/7 oder mehrräumige wie das Haus VI M und das *Pillar-House* (Abb. 4. 13 b). Dieses war 26 Meter lang und 13 Meter breit, zweistöckig und hatte ein dreifach geteiltes Untergeschoß: Im großen Mittelraum standen zwei mächtige, steinerne Pfeiler, die den Boden des darüber gelegenen Saales trugen. In dem Haus wurden vielleicht als Schleudergeschosse dienende Tonkugeln, aber auch Spinnwirtel und Webgewichte gefunden; offenbar hat man hier Textilien hergestellt. Das Haus VI M, von L-förmigem Grundriß und 27 Meter lang, war ebenfalls zweistöckig und hatte eine Südwand, die wie die südliche Burgmauer außen geböscht und durch Kanten mehrfach gegliedert war. Der querliegende Ostraum des Untergeschosses war zweigeteilt, sein größerer Teil diente als Vorratskammer, sein kleinerer als Küche. Nach Südwesten schlossen zwei hintereinander gereihte, kleinere Räume an, deren Funktion unklar ist. Im Obergeschoß wurden jedenfalls auch Spinn- und Webarbeiten ausgeführt. Den nordwestlichen Teil des Hauses bildete ein Hof; an ihn schloß im Norden eine Treppe an, die sowohl Zutritt zum oberen Stock als auch zur nächst höheren Terrasse der Burg gewährte.

Unmittelbar vor dem Südturm waren Stelen (flache, rechteckige Pfeiler) aufgestellt, wohl aus religiösen Gründen. Nach Osten lag in H 9 knapp vor der Mauer das ‚Antenhaus', ein langgestreckter, sich zur Straße hin öffnender Raum mit schmalen Steinfundamenten, wohl ein Kultbau, dem vielleicht der Schutz des Südtores oblag (Abb. 4). Reste weiterer, vor der Burgmauer errichteter Häuser mit Steinfundamenten hatte schon Blegen freigelegt und damit erste Hinweise auf die Existenz einer Untersiedlung geliefert. Ein regelrechtes, aus Häusern mit Steinfundamenten bestehendes Stadtviertel wurde von Korfmann vor der südwestlichen Burgmauer ausgegraben (Abb. 15, aber nur in Ansätzen eingezeichnet); deren Wand- und Dachkonstruktion muß man sich so vorstellen wie bei den Häusern in der Burg. Allerdings scheinen die nahe der Burgmauer gelegenen Häuser der Untersiedlung durchweg kleiner als die in der Zitadelle gewesen zu sein: Je näher man also am Zentrum der Macht wohnte, desto großzügiger gestaltete sich der Lebensrahmen. Darüber hinaus entdeckte Korfmann besonders nach Süden hin weitere Spuren einer Untersiedlung (Abb. 15). Hier standen offenbar keine Stein-, sondern reine Lehmziegel- und Holzbauten. Es war nicht möglich, die Grundrisse der Häuser, die Bebauungsdichte und den Straßenverlauf zu ermitteln. Ein Stadtplan läßt sich also nicht erstellen, und *alle* Rekonstruktionsversuche beruhen auf Phantasie. Es ist durchaus möglich, daß die Besiedlung nach Süden hin ausdünnte.

In jedem Fall wird eins klar: Die Unterstadt von Troia VI, die angeblich 180000 m² umfaßt haben soll, setzte sich in der Bauweise schon unmittelbar vor der Burgmauer vom Innern der Zitadelle ab, und je mehr man nach Süden kam, um so größer wurden diese Unterschiede. Zweifellos lebte außerhalb der Mauer das Volk, unmittelbar vor der Burg der wohlhabendere Teil, den ich versuchsweise als ‚Mittelschicht‘ bezeichne; nach Süden hin wohnte der ärmere Teil, wohingegen die Burg dem Herrscher, seiner Familie und der Aristokratie vorbehalten war. Man wird schwerlich fehlgehen, wenn man annimmt, daß in der Unterstadt Kaufleute und Händler, Handwerker, Tagelöhner und Sklaven, vielleicht auch Viehzüchter und Bauern lebten. Wie es allerdings um den sozialen Aufbau im einzelnen bestellt war, bleibt unklar: Archäologische Zeugnisse erlauben häufig nur begrenzte Aussagen über die Lebenswirklichkeit längst vergangener Kulturen.

Etwa 400 Meter südlich der Zitadelle wurde seit 1992 ein in den Kalksteinfelsen gehauener, oben 3,40 Meter breiter und zur Stadtseite hin 1,80 Meter tiefer Graben entdeckt, dessen Verlauf über eine größere Strecke im Süden und neuerdings auch im Westen nachgewiesen werden konnte (Abb. 15). Im Süden war er in der Mitte für 10 Meter unterbrochen, es handelte sich anscheinend dabei um einen Überweg. Einige Meter dahinter konnten schmale Felseinarbeitungen festgestellt werden, die zur Aufnahme einer hölzernen Toranlage mit seitlichen Palisaden gedient haben sollen. Der Graben wird von Korfmann als Annäherungshindernis für Streitwagen – also als Verteidigungsanlage im Kriegsfall – interpretiert. Diese auf den ersten Blick ansprechende Deutung überzeugt jedoch nicht ganz, denn um den Graben zu überwinden, hätte man ihn nur mit Brettern abdecken oder mit Erde auffüllen müssen. Gegen eine Deutung als Wehranlage spricht auch, daß sich der Graben *nicht* auf der Ostseite der Untersiedlung fortsetzt (Abb. 15; der hier angegebene Verlauf ist eine fiktive Rekonstruktion). Gerade das aber verwundert, denn hier macht die nur geringfügig ansteigende Fläche den Zugang zur Stadt sehr leicht: Streitwagen hätten also aus dieser Richtung regelrecht heranbrausen und ungehindert die wie auch immer beschaffene Stadtgrenze erreichen können. Der Graben wurde im übrigen schon am Ende des 15. Jhs. zugeschüttet. Ein 1995 aufgefundener, etwa 100 Meter weiter südlich davon gelegener zweiter Graben, der eventuell gleichzeitig mit dem ersten bestand und dem die gleiche zweifelhafte Funktion zugewiesen wurde wie dem ersten, wirft natürlich ebensolche Fragen auf.

In einer Entfernung von ungefähr 80 Metern nördlich des ersten Grabens glaubt Korfmann eine Stadtmauer ergänzen zu dürfen, die die gesamte Untersiedlung umschlossen haben soll. Jedoch konnte nur in K 4, im Zwickel der Nordostbastion (Abb. 4. 15), ein niedriges Steinfundament mit einer darauf liegenden, nicht allzu hohen Schicht luftgetrockneter Ziegel gefunden werden – eine Struktur, die eventuell der Rest einer solchen Mauer ist, allerdings *nicht* in die Burgmauer *einbin-*

det, sondern *an* diese gebaut ist. Der Umstand, daß das Fundament sehr niedrig ist – die Lehmziegelschicht könnte natürlich einst höher gewesen sein – und nirgends sonst auch nur der geringste Rest einer solchen Struktur oder auch als Einbettung für das Fundament dienende Felsbearbeitungen gefunden wurden, läßt an der Interpretation, die Untersiedlung von Troia VI sei von einer Stadtmauer umgeben gewesen, Zweifel aufkommen. Und gesetzt den Fall, die freigelegte Struktur wäre tatsächlich der Rest einer solchen Mauer, so hätte diese bautechnisch *weit* hinter der Burgmauer zurückgestanden und kaum ein Bollwerk im eigentlichen Sinne des Wortes dargestellt, und das um so weniger, als auch jeder der beiden Gräben mühelos zu überwinden und die Ostseite der Stadt leicht zugänglich war. Die in Frage stehende Struktur scheint zur Zeit von ‚Troia VI Mitte‘, also irgendwann zwischen 1570–1420 errichtet worden zu sein. Soweit ich Korfmann verstanden habe, stellt er sich vor, daß die von ihm postulierte Stadtmauer von Troia VI wohl auch noch Troia VIIa umgab, aber dann verfiel, so daß im 8. Jh., zur Zeit Homers, an ihrer Stelle eine Art von zusammengefallenem Lehmwall gesehen worden wäre. Das aber würde bedeuten, daß diese Mauer noch mindestens zwei Jahrhunderte *nach* der Verfüllung des zuerst entdeckten Grabens fortexistierte; und das hieße, daß es in diesem Zeitraum entweder *gar keinen* funktionsfähigen Graben mehr gegeben hätte oder nur noch den 1995 aufgefundenen, wobei dieser in einer Entfernung von ca. 180 Metern von der hypothetischen Stadtmauer gelegen hätte! Dann aber würde man diesem Graben schwerlich noch einen Zweck als Annäherungshindernis zusprechen können.

Noch eins sei hier bemerkt: Selbst wenn man Korfmanns Rekonstruktion einer Troia VI umgebenden Stadtmauer akzeptieren würde, so ginge daraus hervor, daß diese zu Beginn des 1. Jts. kaum als von den Göttern erbautes Bollwerk angesehen werden konnte, wie es die Ilias mehrfach nachdrücklich sagt (8, 517–519; 21, 435–460): Auch kannte Homer, wie schon Dörpfeld nachgewiesen hat, nur *eine* Befestigungsmauer, und zwar eine solche, die den hoch gelegenen Teil der Stadt samt Palast und Tempeln *und* die Unterstadt umgab, und *nicht* zwei Ringmauern, eine für den oberen Teil und eine für die Untersiedlung. Infolge all dessen kommt für die Mauer der Sage nur die Burgmauer in Frage, die nachweislich noch im 8. Jh. aufrecht stand. Daß angesichts dieser Deutung die epische Stadt zu klein gewesen sei und keiner ‚großen Stadt‘, wie Homer sie bezeichnet, entsprochen habe, ist kein Gegenargument: Größe ist ein relativer Begriff, und wenn man sich die archäologisch nachgewiesenen griechischen ‚Städte‘ des 8. Jhs., der Zeit des Dichters, anschaut, so hätte eine von der Befestigungsmauer der Burg Troia VI umschlossene Siedlung durchaus als ‚groß‘ gelten müssen (man muß sich hier vor modernen oder auch vor durch die Kenntnis der Stadtanlagen des alten Orients gespeisten Vorstellungen hüten).

Etwas südöstlich der Stelle, wo der Übergang des zuerst entdeckten Grabens – also außerhalb dieses Grabens und erst recht der vermuteten Stadtmauer – wurde von Dörpfeld und Blegen eine kleine Nekropole, also ein Gräberfeld oder wörtlich: eine Totenstadt, entdeckt (Abb. 15). Sie gehört der Bauphase Troia VI h an. Es handelt sich dabei um einen kleinen Friedhof mit Urnen, in denen die Asche und die Knochenreste von Erwachsenen beigesetzt waren; es waren kleine Tongefäße von keiner besonders hohen Qualität; die Grabbeigaben, darunter auch mykenische Gefäße, waren meist einfacher Art. Aus all dem darf geschlossen werden, daß hier Angehörige der ärmeren Bevölkerungsschichten bestattet worden waren. Einen Hinweis auf eine weitere Nekropole gibt ein Verbrennungsplatz etwas nordwestlich der Zitadelle (Abb. 15; nicht eingezeichnet); nach den zugehörigen Gräbern wurde aber bisher nicht gesucht. Ein teils gleichzeitiger, teils in die Zeit von Troia VIIa gehöriger, aus ca. 100 Gräbern bestehender Friedhof wurde am Südostfuß des Beşik Yassı Tepe ausgegraben (Abb. 3 und s. S. 33. 34). Er war zweifellos reicher ausgestattet und zeigte vielfältigere Bestattungsformen als die Nekropole im Südosten von Troia VI. Die zum Friedhof am Beşik Yassı Tepe gehörige Siedlung wurde noch nicht gefunden; man vermutet, daß sie nur aus Hütten bestand. Auch in dieser Nekropole gab es einfache Urnengräber, aber es fanden sich auch Pithos-Gräber, also Körperbestattungen (d. h. die Leiche blieb im Gegensatz zu Brandbestattungen unversehrt) in großen Vorratsgefäßen aus sehr grobem Ton (Pithoi), die bis zu 1,80 Meter hoch und mit Steinplatten verschlossen waren. Außerdem wurden Steinkreis- und Steinkistengräber mit Skelettresten und zwei Gräber in Form von Häusern – ein kleines einräumiges und ein großes in der Gestalt eines Megarons – entdeckt. In diesen beiden Gräbern waren Asche und Knochenreste von drei Personen in Urnen beigesetzt. Eine Reihe von Gräbern, darunter auch die beiden gerade erwähnten, hatte man mit reichen Beigaben wie Ringen, Perlen und anderen Schmuckstücken aus verschiedenem Material, sogar mit solchen aus Gold und Elfenbein, ausgestattet. Es kamen auch einige mykenische Gefäße und ein mykenisches Siegel zum Vorschein. In dieser Nekropole waren Männer, Frauen und Kinder unterschiedlichen sozialen Ranges begraben.

Die Bevölkerungszahl von Troia VI zu errechnen, bleibt ein ganz hypothetisches Unterfangen (es wurden wenigstens 7000 Einwohner vermutet). Die sich aus Zitadelle und Unterstadt zusammensetzende Stadt will Korfmann als typische altorientalische Residenzstadt interpretieren, wie sie z. B. durch Alişar aus dem 18.–15. Jh. und Boğazköy-Hattusa, der Hauptstadt des Hethiterreiches, aus dem 14. und 13. Jh. repräsentiert werden (beide Städte liegen in Zentralanatolien) (Abb. 7). Aber schon ein Blick auf die Stadtpläne macht die gravierenden Unterschiede zwischen Troia VI und diesen Städten klar: Die Untersiedlungen von Alişar und Boğazköy-Hattusa waren von Befestigungsmauern umgürtet, die mächtige Steinsockel für Lehmziegeloberbauten besaßen, zahlreiche Türme und gewaltige Toranlagen hatten, welche mit Reliefs oder Rundskulpturen geschmückt waren. Die Unterstädte zeichneten sich durch dicht nebeneinander liegende Häuser mit Steinfundamenten, ferner durch große Tempelbezirke mit Magazinen, die Burg von Boğazköy-Hattusa durch eine säulen- bzw. pfeilerreiche Audienzhalle und andere hallenartige Gebäude sowie

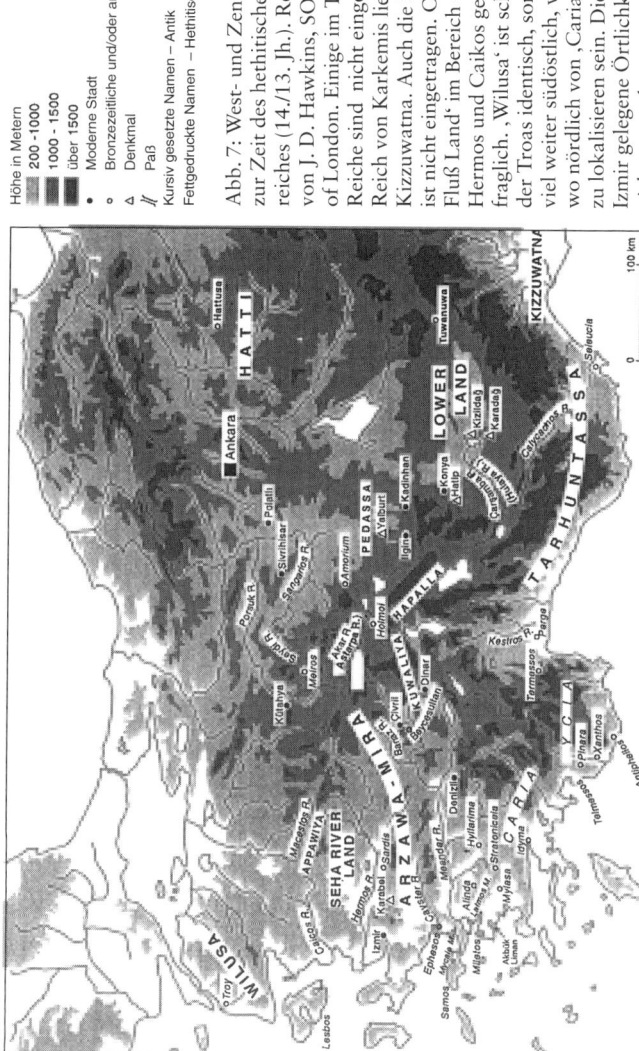

Höhe in Metern
- 200 - 1000
- 1000 - 1500
- über 1500
- ● Moderne Stadt
- ○ Bronzezeitliche und/oder antike Stadt
- △ Denkmal
- // Paß
- Kursiv gesetzte Namen – Antik
- **Fettgedruckte Namen – Hethitisch**

Abb. 7: West- und Zentralanatolien zur Zeit des hethitischen Großreiches (14./13. Jh.). Rekonstruktion von J. D. Hawkins, SOAS, University of London. Einige im Text genannte Reiche sind nicht eingezeichnet. Das Reich von Karkemiš liegt östlich von Kizzuwatna. Auch die Stadt Ališar ist nicht eingetragen. Ob das ,Seha Fluß Land' im Bereich der Täler des Hermos und Caïkos gelegen hat, ist fraglich. ,Wilusa' ist schwerlich mit der Troas identisch, sondern dürfte viel weiter südöstlich, vielleicht irgendwo nördlich von ,Caria' oder ,Lycia', zu lokalisieren sein. Die östlich von Izmir gelegene Örtlichkeit Akpinar ist nicht angegeben.

Magazine und Archivräume aus, die eine Fülle von Schrifttafeln und Siegel bzw. Siegelabdrücke in Ton beherbergten. Das alles gab es aber in Troia VI nicht. Der historische Stellenwert von Troia VI liegt eben nicht darin, daß es solchen machtvollen und prächtigen Städten nahekommt, sondern darin, daß es eine ganz andere Art von Herrschersitz vertritt, nämlich die eines rangmäßig viel tiefer stehenden und weit weniger komplex organisierten Fürsten- oder Königreiches, das zudem über ein erheblich kleineres Herrschaftsterritorium verfügte.

Die materielle Kultur, die man in Troia VI antraf, kann hier nicht in ihrer ganzen Breite, sondern nur in einigen besonders bemerkenswerten Aspekten vorgestellt werden: Die Masse der Keramikfunde macht die bisher ‚grauminysche Ware‘, neuerdings ‚Anatolische Grauware‘ genannte Gattung aus. Es handelt sich dabei um Gefäße verschiedener Form, die häufig metallenen Vorbildern nachempfunden waren und deren Überzug vor dem Brand mit einem Steinchen oder Holzstäbchen poliert wurde; ihre charakteristische graue bis schwarze Farbe haben sie durch den Brennvorgang bekommen. Zur Zeit von ‚Troia VI Mitte/Spät‘ sind die Gefäße häufig mit eingeritzten Wellenlinien verziert. Daneben gab es, aber in deutlich geringerer Menge, die sogenannte Tan Ware (gelbbraune Ware). Dabei handelt es sich um Gefäße mit entsprechenden Formen, deren Überzug auf dieselbe Weise wie eben beschrieben geglättet wurde, aber nach dem Brand einen gelblichen oder bräunlichen Überzug erhielt; auch sie konnten als Dekoration oft Wellenbänder tragen. Beide Tonwaren waren im gesamten nordwestkleinasiatischen Raum und auf den vorgelagerten Inseln, wenn auch von Ort zu Ort in unterschiedlichem Mengenverhältnis zueinander, verbreitet. Weiterhin wurde als Luxusware mykenische Keramik, oft mit glänzender Bemalung, verwendet; sie umfaßt allerdings nur 1–2% der Gesamtmenge der in Gebrauch befindlichen Keramik. Früher hielt man die Mehrzahl der in Troia VI gefundenen mykenischen Ware für Import vom griechischen Festland; jüngsten Untersuchungen zufolge wurde jedoch die Hauptmasse von ihr in Troia nach importierten Vorbildern hergestellt. Die mykenische Keramik ist für den Archäologen von großer Bedeutung, weil sie sich gut datieren läßt. Alle genannten Gattungen wurden bereits auf der Töpferscheibe hergestellt, die eine sehr viel glattere, gleichmäßigere Formgebung und vollendetere Produktion erlaubte als die reine Handfertigung.

Der knappe Überblick über die Töpferkunst von Troia VI ergibt, daß dieser Zweig der Kultur nur wenige Anregungen aus der mykenischen Welt empfangen hat, vielmehr stark durch die einheimischen, lokalen Traditionen geprägt war, ein Sachverhalt, der schon Blegen klar war. Dieses Ergebnis korrespondiert und harmoniert sehr schön mit dem Architekturbefund: Befestigungskunst und Hausbau stehen in anatolischer Tradition, auch die Form des oben erwähnten Megaron-Haustypus läßt sich darin einordnen. Andererseits ist hervorzuheben, daß es *kaum* hethitische Fundstücke aus Troia VI gibt; daraus ergibt sich, daß nur ganz schwache Beziehungen zu dem mächtigen zentralanatolischen Reich der Hethiter existierten, das etwa von 1600–1180 bestand.

Waffen und manche Werkzeuge in Troia VI waren aus Bronze. Doch hat man davon ebenso wie von Luxusgütern nur wenig gefunden. Das liegt vielleicht daran, daß Palast- und Kultbezirk, wo man am ehesten wertvolle Metallware hätte erwarten dürfen, verschwunden sind. Über die Landwirtschaft und die Ernährungsgewohnheiten der Troianer läßt sich sagen, daß sie Pferde-, Esel- und Schafzucht betrieben, Getreide, Gemüse und Wein anbauten und auch Fleisch von Rindern und anderen Haustieren sowie Fisch aus den Dardanellen verzehrten. Gewiß pflegte man in Troia VI auch Handelsbeziehungen, aber wohl schwerlich in dem Maße, wie häufig angenommen wurde: Daß die Stadt sogar ein Handelszentrum mit ‚weltweiten‘ Kontakten gewesen sein soll, scheint eher zweifelhaft. Man kann nicht einfach, wie es getan wurde, die Importfunde aus *allen* bronzezeitlichen Schichten Troias – also von Troia I bis VII b 2 – zusammenfassen und aus einem solcherart konstruierten Bild eine handelspolitische Schlüsselstellung von Troia VI ableiten. Vielmehr muß man die

Befundsituation *einer jeden* Schicht *für sich* auswerten. Denn weitreichende kommerzielle Kontakte, durch die sich eventuell Troia II ausgezeichnet haben mag, müssen keineswegs auch für Troia VI charakteristisch gewesen sein. Ein Blick auf das Fundmaterial bestätigt das: Es bietet nur wenige Belege für Verbindungen zum griechischen Festland und, wie schon betont wurde, auch kaum für Kontakte zum Hethiterreich. Export einheimischer Keramik bzw. darin beförderter Waren wurde in nur geringem Maße betrieben, wobei die auf Zypern und an der syrisch-palästinischen Küste entdeckte Anatolische Grauware auch auf dem Wege des Zwischenhandels dorthin gelangt sein kann, also nicht auf unmittelbarem Handelsweg von Troia aus dorthin gebracht worden sein muß. Und manches, was aus entlegenen Gebieten kam – wie beispielsweise Bernstein – gelangte vermutlich auf ebenso indirekte Weise nach Troia. Kupfer, Zinn und Edelmetalle wird man kaum aus allzu großer Ferne, sondern eher aus Kleinasien und dem östlichen Mittelmeerraum bezogen haben. Zweifelhaft ist auch, ob der Handelsverkehr in den Schwarzmeerraum schon in der späten Bronzezeit eine *große* Bedeutung hatte. Und schließlich ist ebenso fraglich, ob die nahe bei Troia gelegene Beşika-Bucht tatsächlich als letzter Ankerplatz für fremde Handelsschiffe vor der sicherlich schwierigen Einfahrt in die Dardanellen angesteuert und den Schiffen dort Zoll abverlangt wurde (Abb. 3). Immerhin gab es auch auf der gegenüber liegenden Insel Tenedos zwei Buchten für Schiffe, wenn diese infolge der – im übrigen durchaus überwindbaren – Strömungs- und Windverhältnisse der *Dardanellen* zum Warten gezwungen waren. Außerdem konnte man, nur einen kleinen Umweg in Kauf nehmend, auch von Nordwesten, und zwar von der Insel Imbros aus, ohne große Probleme in diese Meerenge einfahren (Abb. 1. 2).

Faßt man die vorgetragenen Beobachtungen zusammen, so kommt man zu dem Ergebnis, daß Troia VI *keine* altorientalische Residenzstadt und *kein* Zentrum spätbronzezeitlichen Welthandels, sondern nur der politische und wirtschaftliche Mittelpunkt der nördlichen, vielleicht auch der gesamten

Troas gewesen sein dürfte. Keine Troia VI vergleichbare Siedlung wurde in dieser Landschaft nachgewiesen, nur viel kleinere wie etwa jene mit der erwähnten Nekropole beim Beşik Yassı Tepe gehörige oder die Siedlungen auf dem Ballı Dağ, bei Eski Hisarlık und dem unmittelbar nördlich davon gelegenen Hügel Fığla Tepe und auf dem Hanay Tepe/Thymbra (Abb. 3 und s. S. 33. 34). Soll ich das zur Rolle von Troia VI Gesagte resümieren, so gelange ich zu dem gleichen Schluß wie schon 1992: „Troia VI spät erweist sich im ganzen als der mutmaßliche Zentralort eines nordwestkleinasiatischen Fürsten- bzw. Königtums, das über die umliegende Landschaft verfügt haben dürfte und wohl von nur lokalem Rang war."

Troia und die hethitischen Quellen

Gibt es nun zeitgenössische Schriftquellen, aus denen hervorginge, daß Troia VI oder auch die darauf folgende Stadt Troia VIIa wirklich von mykenischen Griechen erobert und zerstört wurde? Ja, gibt es wenigstens auch nur Anhaltspunkte, daß um eine der beiden Städte ein Krieg entbrannt war, wie ihn Homer in der Ilias beschreibt? In diesem Zusammenhang muß eine Hypothese erörtert werden, die in letzter Zeit wieder häufig vertreten wurde. Ihr zufolge darf Troia angeblich mit der/dem in Westkleinasien gelegenen luwischen Stadt/Staat Wilusa/Wilusiya gleichgesetzt werden; im folgenden wird der Einfachheit halber der Name Wilusa verwendet.*

Seit den Tagen Homers ist für Troia noch ein anderer Name bezeugt, und zwar *Ilios* bzw. seine jüngere Form *Ilion* – er begegnet übrigens schon in der Ilias, allerdings nur ein Mal. Man hat aus diesem Namen eine ältere Form *Filios* erschlossen, wobei das ‚F' wie ‚W' gesprochen wurde; dieser Name wird auch im folgenden verwendet. Wegen der Namens*ähn-*

---

* Das Luwische ist eine dem Hethitischen eng verwandte Sprache, die im Süden und Südwesten Kleinasiens gesprochen wurde, und gehört zur indogermanischen Sprachfamilie.

lichkeit setzen einige Hethitologen – also Wissenschaftler, die sich der Erforschung des Hethitischen widmen – Filios/Troia mit Wilusa gleich, das in einigen (zum Teil in sehr fragmentarischem Zustand) auf uns gekommenen Texten erscheint. Die betreffenden Hethitologen versuchen diese Gleichsetzung mit Anhaltspunkten aus der Geographie Kleinasiens in hethitischer Zeit zu untermauern, doch sind manche für diesen Zusammenhang wichtige Lokalisierungen nur erschlossen; sie gelangen aufgrund problematischer Schlußfolgerungen zu dem Ergebnis, daß Wilusa in der Landschaft Troas gelegen habe und identisch mit dem Troia Homers gewesen sei. Sprachlich gesehen ist eine Identität der Namen Wilusa und Filios zwar nicht völlig auszuschließen, aber doch nicht wahrscheinlich. Was die politische Geographie Kleinasiens in hethitischer Zeit angeht, so muß nochmals mit Nachdruck hervorgehoben werden, daß die einschlägigen Schriftquellen ganz fragmentarisch sind, überdies die Übersetzung entscheidender Worte oder Textpassagen umstritten ist und darin zum Teil nur wenige und vage Angaben gemacht werden, was besonders für Wilusa gilt. Die Staaten bzw. Länder und Städte, die man für den Zeitraum vom Ende des 14. und bis zum Beginn des 12. Jhs. in Kleinasien lokalisieren kann, sind folgende (Abb. 7): das hethitische Kernland Hatti (Zentralanatolien) mit dem ,Oberen' und ,Unteren Land' sowie das nördlich von Hatti gelegene Land der Kaska; ferner die Länder Pedassa (südwestlich von Hatti) und Walma (westlich oder südwestlich von Pedassa), Karkemis (beiderseits der heutigen türkisch-syrischen Grenze), Kizzuwatna (Kilikien); darüber hinaus Tarhuntassa (Pamphylien), das sich bis zum Kastaraja bzw. Kestrios erstreckte und auf dessen Gebiet die Stadt Parha (Perge) lag; zudem Lukka, das etwa das Gebiet des späteren Lykien umfaßte und eine Reihe mittlerweile identifizierter Städte einschloß; schließlich das südlich und südöstlich von Izmir gelegene Arzawa-Mira samt Kuwaliya. Es muß dabei aber betont werden, daß die *genaue* Ausdehnung dieser Staaten durchaus unsicher ist; am besten, aber auch nur ungefähr, sind von den südlichen und südwestlichen Ländern noch Tarhuntassa und Lukka einzugrenzen. Darüber hinaus bleibt selbst die Lage der Stadt bzw. des Staates Millawanda umstritten; entweder ist es Miletos mit seinem Territorium oder, vielleicht eher, Milyas/Milyanda, auf der Karte als ‚Caria‘ bezeichnet. In der Nähe von Arzawa-Mira muß das Seha-Flußland lokalisiert werden. Über die Lage des Seha-Flußlandes konnte bislang keine Einigkeit erzielt werden, einige haben sich für das Tal des Hermos (und eventuell noch das des Kaikos), andere für das des Mäander ausgesprochen. Schließlich ist noch das Land Ahhija/Ahhijava zu nennen, das wohl ein an der Südwestküste von Kleinasien und auf den vorgelagerten Inseln errichtetes mykenisches Königreich war, das aber einen starken nichtmykenischen Bevölkerungsanteil besessen zu haben scheint. In der Nähe von Arzawa-Mira oder nahe bei diesem *und* dem Seha-Flußland muß Wilusa gelegen haben.

Für jene, die Wilusa mit Filios/Troia gleichsetzen möchten, sind zwei Texte von besonderer Wichtigkeit; dabei handelt es sich zum einen um den sogenannten Alaksandus-Vertrag, zum anderen um den sogenannten Manapa-Tarhundas-Brief. Der Alaksandus-Vertrag aus der Zeit um 1280 hätte für die Vertreter der Gleichsetzung von Wilusa mit Filios/Troia unter anderem den Vorteil, daß der Troianer, durch den der griechischen Sage nach das Unheil über Troia hereinbrach, Alexandros(-Paris) hieß – und damit dem Namen Alaksandus ähnlich klingt. Paris raubte im Mythos dem Griechenfürsten Menelaos die Gattin mit Namen Helena, woraufhin das griechische Koalitionsheer seinen Kriegszug nach Troia unternahm. Ich werde gleich darauf eingehen, wie zweifelhaft es ist, Namen aus verschiedenen Sprachen allein deswegen gleichzusetzen, weil sie ähnlich klingen. Zunächst aber noch zum Manapa-Tarhundas-Brief, der um 1300 geschrieben wurde: Er enthält eine Textstelle, die durch eine riskante Interpretation dazu gebracht werden soll, als Indiz dafür zu dienen, daß Wilusa mit Filios/Troia gleichzusetzen ist. Aber dieses Wilusa wird in dem erwähnten Alaksandus-Vertrag in Zusammenhang mit dem Lande Lukka genannt. Ein Blick auf die Landkarte lehrt, daß es dann aber viel sinnvoller wäre, Wilusa irgendwo im Südwesten Kleinasiens zu lokalisieren und nicht dort, wo Troia liegt. Dennoch behauptet sich die Vorstellung, Wilusa habe nördlich des Seha-Flußlandes, das man dann mit dem Hermos- und sogar noch mit dem Kaikos-Tal gleichsetzt, gelegen. Daraus wird gefolgert, diese Lokalisierung führe nun ganz nahe an die Troas heran oder gar mitten hinein. Aber selbst wenn die genannte Identifizierung des Seha-Flußlandes zuträfe, so ergäbe sich daraus keineswegs zwingend die Gleichsetzung von Wilusa mit Filios/Troia.

Auf welch schwachem Grund eine solche These steht, zeigt die Interpretation der angesprochenen Textstelle des sog. Manapa-Tarhundas-Briefes, in der davon berichtet wird, daß hethitische Truppen das Seha-Flußland durchziehen, um nun durch Wilusa nach Hatti (Zentralanatolien) zurückzugehen. ‚Zurückgehen‘ ist die übliche Übersetzung des an dieser Stelle verwendeten hethitischen Zeitwortes. Geht man davon aus, dann kann Wilusa, selbst wenn man das Seha-Flußland im Hermos- und sogar noch im Kaikos-Tal ansetzt, nicht in der Troas liegen, denn der Rückweg nach Zentralanatolien konnte schwerlich über die Troas führen. Wilusa müßte sich vielmehr östlich an das Seha-Flußland anschließen, d.h. östlich entweder des Hermos-/Kaikos- oder des Mäander-Tales liegen (wobei beides, aber vor allem letzteres, gut zum Hinweis des Alaksandus-Vertrags passen würde). Weil sich aber diese beiden Lokalisierungsmöglichkeiten nicht in das Bild einfügen, das sich ein Teil der Hethitologen, der Wilusa mit Filios/Troia identifizieren will, von der politischen Geographie Kleinasiens gemacht hat, schlug man vor, ‚zurückgehen‘ mit ‚aufbrechen gegen‘ oder ‚angreifen‘ wiederzugeben. Diese aber wissenschaftlich zweifelhafte Vorgehensweise macht deutlich, wie ungesichert die Gleichsetzung von Wilusa mit Filios/Troia und wie zweifelhaft sie ist.

Auch die These, der luwische Staat oder die luwische Stadt T(a)ruisa, die in den hethitischen Quellen im Zusammenhang mit Wilusa genannt wird, sei Troia, kann nicht überzeugen, denn sie ist sprachlich bedenklich; außerdem handelt es sich bei Wilusa und T(a)ruisa um zwei Staaten bzw. Länder oder Städte und nicht um die voneinander abweichenden Bezeichnungen ein und derselben Sache.

Versuche, auf anderem Wege an der Identität der Namen Wilusa und Filios/Troia festzuhalten, sind – wie bereits angedeutet – nicht zwingend: Sicherlich *kann* man den Namen des troianischen Prinzen und Räubers der Helena, Alexandros-(Paris), mit dem luwischen Namen Alaksandus, dem Herrscher von Wilusa, gleichsetzen, aber Alexandros *muß* keineswegs die griechische Übertragung von Alaksandus sein. Und der Name Paris *kann* als Pariziti luwisch sein, *kann* aber auch der (vielleicht nichtindogermanischen) sogenannten vorgriechisch-kleinasiatischen Sprachschicht angehören oder dem (indogermanischen) Illyrischen (das Illyrische war die Sprache der Bewohner von Albanien und Jugoslawien, von denen ein Teil, die Dardaner, sich in der Troas niederließ).

Entsprechendes gilt für Priamos, den greisen König von Troia und Vater des Alexandros(-Paris): Man *kann* Priamos vom luwischen Pariamuwa, *kann* ihn aber auch aus dem Vorgriechisch-Kleinasiatischen oder dem Illyrischen ableiten. Wenn man das erstere tut, dann muß man aber zur Kenntnis nehmen, daß das nicht unproblematisch ist und dieser Name in Kilikien, also im Südosten Kleinasiens, vorkommt, nicht aber in der Troas, wo man ihn doch eigentlich gerne finden möchte, um in der Gegend um Troia den mythischen König Priamos aus Homers Ilias ‚anzusiedeln‘. Zu allem Elend hieß nun aber der Vater des historischen Herrschers Alaksandus, der in dem erwähnten Vertrag erscheint, durchaus nicht Priamos und nicht einmal Pariamuwa, sondern eher Kukunni, und einer seiner Nachfahren hörte auf den Namen Walmu. All das sind nun einmal Namen, die absolut nichts mit der griechischen Sage zu tun haben. Wie man auch die Sache dreht und wendet, so macht man weder aus Filios/Troia das luwische Wilusa noch aus den homerischen Helden historische Gestalten in der hethiterzeitlichen Troas.

Noch eindeutiger ist die Sachlage bei dem Namen des nach der Ilias in der Troas und auf den vorgelagerten Inseln verehrten Gottes Apollon. Er wurde noch kürzlich als die griechische Form des Gottes Appaliunas von Wilusa erklärt. Allerdings hat man nicht beachtet, daß im Alaksandus-Vertrag, in dem dieser Name als der eines der Götter von Wilusa auftaucht, nur ein Teil, und zwar (...)appaliuna, nicht aber die vorangehenden Buchstaben erhalten sind; man kann aber nicht einfach einen Namensbestandteil zum vollen Namen erklären. Darüber hinaus ist nicht mehr zweifelhaft, daß Apollon ein rein griechischer Gott ist, dessen Name mit dem griechischen Wort *apella/apellai* zusammenhängt, wie der Klassische Philologe und Religionshistoriker W. Burkert eindrücklich dargelegt hat. Dieser Gott hat also nichts in einer luwischen Stadt verloren und sollte auch von modernen Wissenschaftlern nicht zwangsweise umgesiedelt werden.

Im übrigen ist es viel sicherer, nicht die für die Troianer in der Ilias bezeugten *Personennamen,* sondern die darin aufgeführten *Namen von Gewässern und Orten* der Troas auf ihre sprachliche Herkunft hin zu befragen, und zwar deshalb: Selbst wenn die eben besprochenen troianischen Personennamen wirklich auf luwische Vorgängerformen zurückgehen sollten, so wäre das kein Indiz dafür, daß Filios/Troia und Alexandros(-Paris) auf Wilusa und Alaksandus zu beziehen wären. Immerhin bestünde noch die Möglichkeit, daß die frühen griechischen Dichter gar nicht auf ihnen irgendwie bekannte historische Persönlichkeiten aus der Vergangenheit Kleinasiens zurückgegriffen hätten bzw. durch sie eine alte Tradition wachgehalten worden wäre, sondern daß sie solche Namen deshalb aufgegriffen hätten, weil sie ihnen einfach als sehr altertümlich und vorgriechisch-kleinasiatisch vorgekommen wären. Gewässer- und Ortsnamen haften dagegen erfahrungsgemäß oft über viele Jahrhunderte lang an ein und derselben Örtlichkeit. Deshalb bilden gerade sie einen reichen Fundus für Sprachforscher und bezeugen nachhaltig, welche Sprache(n) in einer bestimmten Region gesprochen wurde(n). Einer Reihe sprachwissenschaftlicher Untersuchungen zufolge lassen sich in der Troas drei Sprachschichten unterscheiden: Eine jüngste, griechische Schicht, die z.B. durch Namen wie

Hellespont, Kallikolone (einen Hügel in der Nähe Troias) oder Heptaporos (einen Fluß im Osten der Troas) vertreten wird, ferner eine ältere thrakisch-illyrische, die beispielsweise in Namen wie Kebren und Dardanie (Siedlungen südlich von Troia) aufscheint, und schließlich eine vorgriechisch-kleinasiatische, die z.B. in Namen wie Ida, Skamander, Troia, Thymbra, Gergis, Pedasos, Lyrnessos (die zwei zuletzt genannten Städte liegen südlich des Ida-Gebirges) erkennbar wird (Abb. 2. 3).

Um die sprachgeschichtlichen Überlegungen, ob Wilusa identisch war mit Filios/Troia, abzuschließen, sei noch auf eine historische Merkwürdigkeit hingewiesen: Es ist nachweisbar, daß der hethitische Großkönig Muwatalli um 1280 die schon seit langem bestehenden Beziehungen des Hethiterreiches zu Wilusa ebenfalls pflegte. Ja, er setzte den eben erwähnten Alaksandus als seinen Vasallen in Wilusa ein. Wenn nun Wilusa wirklich mit Filios/Troia identisch gewesen wäre, so müßte man sich darüber wundern, daß sich dort keine archäologischen Spuren dieses engen Verhältnisses zum Hethiterreich und seinen Herrschern finden lassen. Dies ist aber zum Beispiel für das Gebiet unmittelbar östlich von Izmir durchaus der Fall, das nachweislich unter hethitischem Einfluß stand. Dort finden sich etwa die eindrucksvollen Felsreliefs mit luwischen Hieroglypheninschriften vom Karabel und von Akpinar, etwas nördlich vom Karabel gelegen (Abb. 7). Vergleichbares fehlt in der Troas völlig. Und das südwestlich vor der Zitadelle von Troia VI schon von Schliemann und Dörpfeld freigelegte System von mehreren in den Felsen gehauenen Quellhöhlen ist jedenfalls nach der dort gefundenen *Keramik* erst seit dem 3. Jh. in Gebrauch gewesen; die mit naturwissenschaftlichen Mitteln untersuchten Sinterreste, die auf eine Anlage der Höhlen schon im 3. Jt. hinweisen sollen, sind jedenfalls nach dem Kenntnisstand des Autors dieses Bandes solche, die aus dem Bereich *vor* dem Eingang zu den Höhlen und nicht *aus* ihnen stammen. *Dieser* Befund sagt daher nichts über die Zeit aus, in der die Höhlen angelegt wurden, denn im Bereich der Sinterreste kann schon lange eine Quelle hervorgesprudelt sein, *bevor* die Höhlen aus dem Felsen gehauen wurden. Auch gibt es keinen überzeugenden Grund, in diesen Quellhöhlen ein hethitisch-luwisches Quellheiligtum mit Namen Kaskal.Kur zu erkennen, wobei betont werden muß, daß die Hethitologen sich keineswegs einig sind, um was es sich dabei wirklich handelt. Ebensowenig kann man in diesen Quellhöhlen die in der Ilias beschriebenen beiden Quellen sehen (22, 143–156), an denen Achilleus den Hektor tötet, denn Dichtung und Grabungsbefund widersprechen sich vollkommen.

Filios/Troia war nicht Wilusa. Es handelt sich bei Filios vielmehr um einen Namen, den offenbar Griechen vom Festland – deutlich später – in die Landschaft Troas mitgebracht haben. Die Gleichsetzung von Filios/Troia und Wilusa sollte endlich aufgegeben werden, aus philologischen Verrenkungen allein macht man keinen historischen Troianischen Krieg.

In diesem Zusammenhang sei noch kurz angemerkt, daß der Stadt- oder Landesname W3-iw-r-jj-i = W(a)jurija/W(a)julija, der in Ägypten für die Zeit des Pharaos Amenophis III. bezeugt ist (1. Hälfte des 14. Jhs.), sicherlich nichts mit Filios oder Wilusa zu tun hat.

Der Troianische Krieg und der archäologische Befund von Troia VI

Im Zerstörungsschutt der Burg von Troia VI wurden von Dörpfeld häufig Brandspuren festgestellt, die an mehreren Stellen sehr ausgeprägt waren: Im Ostraum des Untergeschosses von Haus VI M hatte die westliche Steinwand stark unter Brand gelitten, und die in der Küche auf dem Boden liegenden Getreidekörner waren verkohlt. Vor dem Südosttor hatte sich eine ca. 1 Meter dicke Brandschicht abgelagert, die auch verbrannte Lehmziegel enthielt. Auch hatte Dörpfeld beobachtet, daß Teile des steinernen Oberbaus der Befestigungsmauer in J 7 (Abb 4. 13 b) und die Wände von Wohnhäusern eingestürzt waren. Die Brandreste hat er als Hinweis auf eine Eroberung interpretiert, die eingestürzten Mauerteile und

Wände als Resultat einer teilweisen Schleifung der Bauwerke. Da nach Dörpfelds Meinung der Untergang von Troia VI am Ende der späten Bronzezeit erfolgt war, der Ereigniskern der Sage vom Troianischen Krieg in einem mit der Eroberung von Troia endenden Feldzug mykenischer Griechen bestanden und zum genannten Zeitpunkt stattgefunden hatte, außerdem Troia VI angeblich dieselbe Art der Zerstörung aufwies, wie sie in der griechischen Sage überliefert war, lag es für ihn auf der Hand, das Ende dieser Siedlung mit dem im Mythos erzählten gleichzusetzen. Allerdings waren bei den Grabungen Dörpfelds in der zum Teil dicken Zerstörungsschicht von Troia VI keine Waffen und auf einen gewaltsamen Tod hindeutende Skelettreste gefunden worden. Das aber widersprach Dörpfelds Interpretation, denn der Sage nach war es doch beim Untergang Troias zu heftigen Kämpfen in der Stadt und zur Ermordung vieler Troianer gekommen. Aber solche Funde traten auch bei den späteren Grabungen nicht zutage. Nun mag man davon ausgehen, daß nach einer Eroberung der Schutt nach Waffen durchsucht wurde, weil Metall kostbar war, und daß, sofern man an der Ruinenstätte siedeln wollte, noch sichtbare Tote bestattet wurden. Bei einem so mächtigen Zerstörungshorizont, wie ihn Troia VI liefert, ist jedoch zu erwarten, daß nach tief in den Trümmern steckenden Waffen und Toten gar nicht erst gegraben worden wäre, weil das viel zu mühsam gewesen wäre. Also hätten die Ausgräber derartige Funde machen müssen, wie vergleichbare Fälle – darunter die neueren amerikanischen Grabungen in Sardes, der Hauptstadt des Lyderreiches (Abb. 1), die 546 von den Persern eingenommen wurde – zeigen, in deren Zerstörungsschicht man Waffen und Skelettreste fand, obwohl die Stadt auch weiterhin bewohnt wurde. Auch eine andere Annahme Dörpfelds ist nicht haltbar, und zwar die These von der teilweisen Schleifung der Bauwerke, denn es wäre sicherlich außerordentlich anstrengend gewesen, Steinmauern mit Werkzeugen aus Bronze zu zerstören. Zudem läßt sich auch die Anwendung von maschinenartigem Gerät ausschließen, denn an den Steinen der zusammengestürzten Mauerteile konnten keine Löcher oder Prellungen entdeckt werden. Nein, Troia VI ist nicht auf kriegerischem Weg zerstört worden – die Zerstörungsspuren sprechen eine eindeutige Sprache: Troia VI ging in einem Erdbeben unter, wie im folgenden dargelegt wird. Dörpfeld aber, der ganz im Banne der Epen stand, die sich um den Untergang Troias gebildet hatten, war niemals bereit, ein Erdbeben als Ursache der Katastrophe zu akzeptieren, deren Überreste und Spuren er ausgegraben hatte. Dagegen hat Blegen, allerdings unter Bagatellisierung auch von ihm entdeckter Brandspuren mit Nachdruck die Theorie von einer Erdbebenzerstörung vertreten, und zwar aus folgenden Gründen: Das auf den Felsen gegründete Mauerstück unmittelbar hinter dem Südturm in G 9 (Abb. 4. 13 b) war nach hinten gekippt, und viele Steine waren herabgefallen; sogar der ebenfalls auf Felsen errichtete Südostturm hatte Risse bekommen, und der steinerne Oberbau der Befestigungsmauer in JK 6/7 war komplett nach Westen, d. h. zum Burginnern, und die Ostwand von Haus VI E in J 5/6 war in gleicher Weise nach Osten, d. h. zwischen Haus und Ringmauer, gestürzt. Beide Mauern – die der Burg und die des Hauses – waren auf fest gestampfter Erde bzw. auf älterem Schutt gegründet, und zwar nach Blegen gerade deshalb, um die Kraft von drohenden Erdbebenstößen aufzufangen.

Vor dem Hintergrund, daß Troia in einer erdbebengefährdeten Zone liegt und auch noch in neuerer Zeit zahlreiche und oft schwere Erdbeben registriert wurden, gewinnt Blegens Erklärung zusätzliches Gewicht. Allerdings darf auch nicht übersehen werden, daß das Ende von Troia VI wenigstens stellenweise von heftigen Bränden begleitet war. Aber dabei handelt es sich um ein Phänomen, das im Gefolge solcher Naturkatastrophen nicht ungewöhnlich ist. Das Fehlen von Toten und Waffen im Zerstörungsschutt von Troia VI wird man so zu erklären haben, daß sich die Bewohner – vielleicht durch kleinere Vorbeben gewarnt – mit ihrem wertvollsten Besitz haben retten können.

Blegen hat dieses Ereignis aufgrund der in dieser Zerstörungsschicht gefundenen mykenischen Keramik in die Zeit um 1270 gesetzt, Korfmann in die um 1250, und andere Forscher haben es um 1200, oder sogar ins 12. Jh. datiert. Die erneute Durchsicht der betreffenden Keramik durch P. Mountjoy könnte dagegen eher auf einen Zeitpunkt um 1300 hinweisen.

Troia VII a

Die Stadt wurde als Troia VII a wieder aufgebaut, wobei viele Steine der zerstörten Mauern neuerlich Verwendung fanden und der Schutt planiert wurde (Abb. 13 b. 14). Vereinzelt renovierte man Häuser wie das Haus VI M. Andere, wie das Haus VII A in AB 6, ein mehrräumiger Bau, wurden über den zerstörten Bauten, in diesem Fall dem Haus VI A, errichtet. Außerdem wurden auf der Ringstraße und an den Oberbau der Befestigungsmauer angelehnt kleine, meist rechteckige und einräumige Häuser erbaut (Abb. 13 b. 14). Manche dieser Häuser dienten als Vorratskammern, wie die zahlreichen, in den Boden eingelassenen Pithoi zeigen. Durch diese Baumaßnahmen wurde die Ringstraße nach innen verschoben und viel schmaler als vorher. Auf die Zerstörungsschicht der Hauptstraße wurde eine neue Pflasterung gelegt, unter der ein Abwasserkanal verlief. An der Ostseite der Straße wurde in G 9 das Haus 700 errichtet, in dem ein Herd, eine steinerne Getreidemühle mit einer Grube darunter, Vorratsschränke und ein Ofen gefunden wurden. In J 7 wurden der Brunnen B c (Abb. 13 b; der Kreis oben) und um ihn herum ein gepflasterter Platz angelegt. Was im Zentrum der Zitadelle geschah, ist unbekannt.

Wie dem Umstand, daß die Häuser auf der Ringstraße an den Oberbau der Befestigungsmauer angesetzt wurden (Abb. 5), zu entnehmen ist, muß dieser renoviert worden sein, was auch Reparaturen an der Nordostbastion zeigen. Die Pforte in der Südwand der Bastion wurde vielleicht schon jetzt zugemauert, der Eingang zum Südosttor bis zum Ende der Ostmauer vorverlegt und durch eine Rampe zugänglich gemacht. Auch das Südwesttor wurde zugemauert und die ehe-

Folgeseiten:

Abb. 13a: Schnitt durch den Hügel von Hisarlık mit den Schichten Troia I–IX. Leicht veränderte und farbige Fassung des Dörpfeldschen Ideal-schnittes, Troia-Projekt Tübingen. – In M. Korfmann-D. Mannsperger, Troia. Ein historischer Überblick und Rundgang (1998), S. 28, Abb. 39.

Abb. 13b: Plan der sogenannten neun (eigentlich zehn) Schichten von Troia nach den Grabungen von W. Dörpfeld 1893/94. – Die Rubrik ‚z‘ gab es damals noch nicht. Die gelb markierte Innenverstärkung der Süd-ostmauer samt der das ehemalige Südosttor (VI S) ummantelnden Bastion (JK 6–8) gehört nicht Troia VIII, sondern Troia VII b 1 an; die gleichzei-tige Innenverstärkung der Ostmauer in den grün markierten Häusern von JK 5 ist auf dem Plan nicht eingetragen, der gelb gezeichnete Brunnen B a in J 4 und der ebenso gekennzeichnete Bau in J 8 (Rathaus) wurden im 3. Jh. angelegt. Ebenso sind aufgrund des damaligen Forschungsstandes das Megaron 102 von Troia I, die in zA 5 nach Norden abknickende Westmauer, die Nordmauer von Troia VI (B 4–J 3) mit Ausnahme der da-mals noch nicht als Teil derselben erkannten Reste an der Grenze von FG 3 (die unmittelbar südöstlich von ‚IX W‘ weiß eingezeichnete Stein-gruppe), der Grundriß des frühen griechischen Hauses 850 und der darü-ber gebauten sowie sich weiter nach Süden erstreckenden Rundstrukturen, der ‚paved circles‘ (A 7), nicht eingezeichnet; die Südmauer der gelb mar-kierten, schräg liegenden Mauerecke des frühen griechischen Hauses in K 5 reichte, wie die Grabungen Blegens ergeben haben, noch etwas weiter nach Nordwesten. Der gelbe Mauerzug in A 7/6, der direkt vor und auf die Mauer von Troia VI gesetzt ist, gehört zu Troia IX (vgl. zum neue-ren Stand für Troia VI die Abb. 4 und für Troia VII Abb. 14, ebenso Abb. 12 a. b für Troia IX). Das blau gekennzeichnete Heiligtum der Athena mit seinen Innenbauten und die in Resten erhaltenen Säulenhallen im Osten, Süden einschließlich der ‚Propyläen‘ (IX D) in G 7/8 und im Westen sowie der Mauerzug nördlich von IX O und der Mauerzug IX N und die mit IX J bezeichneten Reste in JK 6 wurden im 3. Jh. erbaut und unter Augustus renoviert. Die nur in wenigen Resten erhaltene Mauer IX W samt dem südlich in FG 3 anschließenden Raum stammen ebenso wie die Theater B und C auch aus der Zeit dieses Kaisers. Die Mauer RM in AB 4 ist Teil der im 3. Jh. errichteten Stadtmauer und verkleidet den dort verlaufenden Rest der Burgmauer von Troia VI. – Aus: W. Dörpfeld, Troia und Ilion. Ergebnisse der Ausgrabungen in den vorhistorischen und historischen Schichten von Ilion 1870–1894, Athen 1902, Taf. III.

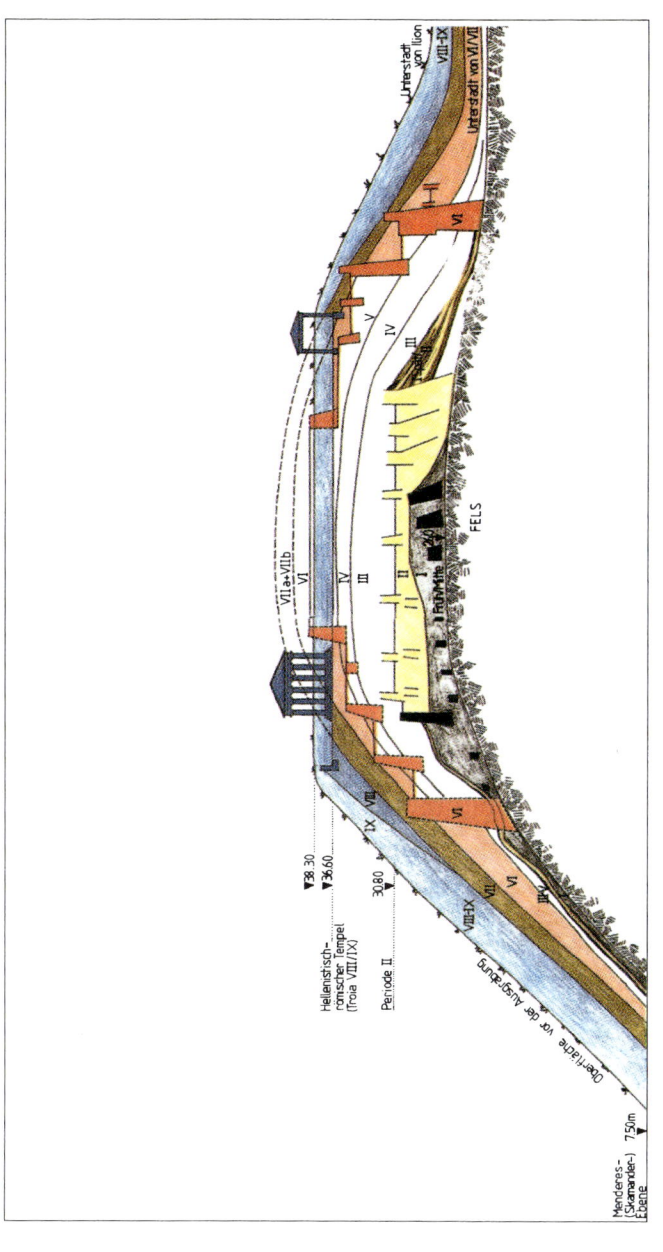

Unterstadt
von Ilion
VIII–IX

Unterstadt von VI/VII

VI

V

IV

III

FELS

Fels-Höhe

VIIa+VIIb

VI

IV

III

II

Hellenistisch-
römischer Tempel
(Troia VIII/IX)

▼98.30
▼36.60

Periode II

30.80

IX

VII

VIII–IX

VI

VII

VI

III

Oberfläche vor der Ausgrabung

Mäanderes-
(Skamander-)
Ebene

750 m

DIE AUSGRABUNG

VON

TROJA

AUFG. VON W. DÖRPFELD UND W. WILBERG

1:500

Erklärung

- ■ Troia I
- ▦ Troia II b, c, d (nach Dörpfeld)
- ■ Troia VI
- ■ Troia VII. VIII
- ■ Troia IX. Hellenistisch und römisch
- ■ Nicht ausgegraben

Der Plan ist nach der magnetischen
Nordlinie orientiert
Die Zahlen geben die Höhen
über dem Meer an

THEATER

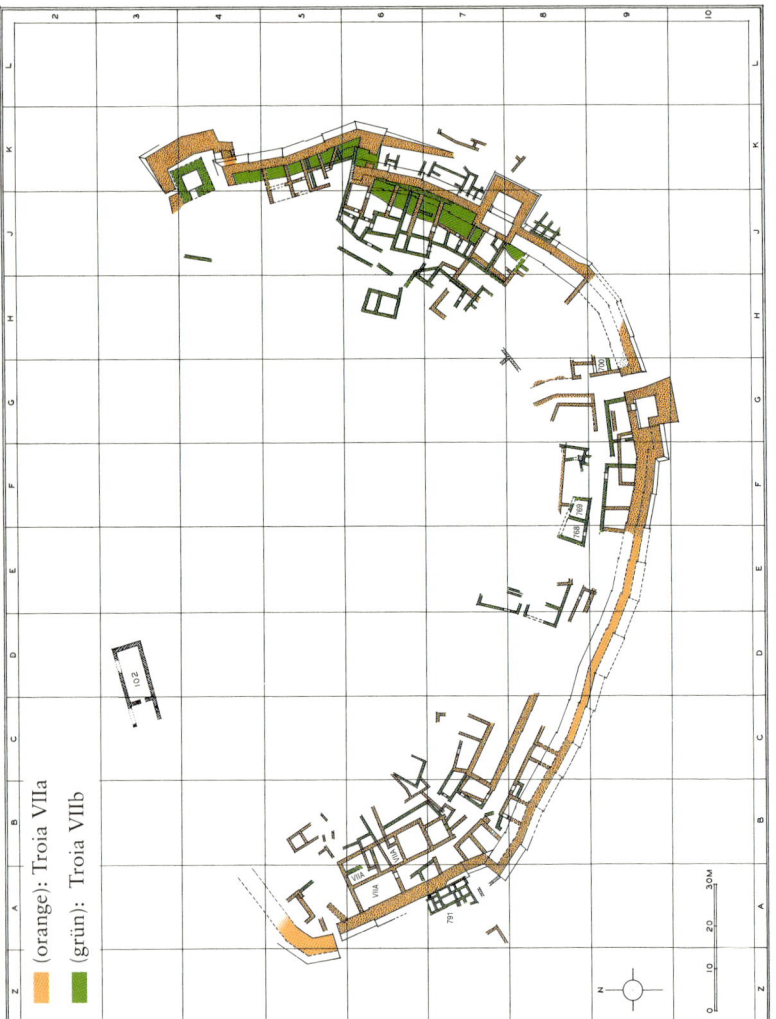

(orange): Troia VIIa
(grün): Troia VIIb

mals darauf zulaufende Straße in einen Platz umgewandelt (in z 8), den mehrere neue, kleine Häuser umsäumten (Abb. 13 b. 14).

Auch östlich und südlich davon wurde gebaut. Das Burg-areal war nun deutlich dichter besiedelt, die Häuser waren sichtlich kleiner und die Wände dünner als vorher; selbst das Haus VII A konnte sich nicht mit den Bauten der Schicht ,Troia VI Spät' messen. Die Befestigungsmauer war wieder funktionsfähig, wenn auch ihr Sockel jedenfalls im Südosten (K 6) nur noch in einer Höhe von 2,50 Metern emporragte.

Auch in anderen Bereichen der materiellen Kultur kam es zu der einen oder anderen Änderung. Zwar wurden bisher übliche Keramikgattungen weiter benutzt, allerdings die my-kenische Ware nun in geringerer Menge; auch war sie häufig von minderer Qualität und meist nur mit matter Bemalung versehen. Auch jetzt wurde sie mehrheitlich in Troia herge-stellt. Die landwirtschaftlichen Grundlagen blieben vermutlich die gleichen wie in Troia VI (S. 51). Auf kommerziellem Ge-biet dürfte es eher zu einem Rückgang gekommen sein.

Insgesamt gesehen verändert sich von Troia VI zu VII a zwar die materielle Kultur in mancher Hinsicht, aber um einen grundsätzlichen Wandel handelt es sich nicht. Was sich vor allem zeigt, ist ein Rückgang der Lebensqualität, wie sich an der viel größeren Besiedlungsdichte in der Burg, der Klein-heit der Häuser, der einfacheren Bautechnik und der quantita-

Abb. 14: Plan von Troia VII a und VII b. – Der Plan gibt den durch die Grabungen Dörpfelds und Blegens erreichten Forschungsstand wieder. Was Troia VII b angeht, so sind die Phasen Troia VII b 1 und VII b 2 nicht unterschieden. In B 4 bis J 3 ist die Nordmauer von Troia VI zu ergänzen, die auch Troia VII gesichert hat (vgl. Abb. 4). In CD 3 ist das Megaron 102 von Troia I eingetragen, das natürlich nicht zu Troia VII gehört (da-her schwarz markiert). – Nach C. W. Blegen, Troy IV. Settlements VII a, VII b and VIII, Cincinnati 1958, Abb. 320, und Dörpfeld (s. zu Abb. 13b), Taf. VI, bearbeitet von T. Bitterer und D. Hertel.
Nach Dörpfeld, aber auch nach Korfmann und seinen Mitarbeitern, dau-erte Troia VIII bis 85 v. Chr., und Troia IX begann erst zum genannten Zeitpunkt – eine Chronologie, die, wie unten dargelegt wird, in diesem Buch anders beurteilt wird.

tiv geringeren und anspruchsloseren mykenischen Keramik zeigt. Das heißt aber auch, daß es nicht zu einem gänzlichen oder selbst nur teilweisen Bevölkerungswechsel gekommen sein kann. Alles deutet vielmehr darauf hin, daß sich nach der Erdbebenkatastrophe ein sozialer Umbruch vollzogen hat: Der überlebende Teil der Bevölkerung, die zur Zeit von ‚Troia VI Spät‘ in den Häusern unmittelbar vor der Zitadelle gewohnt hatte – die sogenannte Mittelschicht also –, scheint nach dem Ende dieser Stadt das Burginnere zu seinem Wohnsitz gemacht zu haben. Das besagt, daß die bisherige Führungsschicht zumindest weitgehend verschwunden war und die eventuell verbliebenen Vertreter dieser Gruppe einen nachhaltigen Machtverlust hatten hinnehmen müssen. Die ‚Mittelschicht‘ könnte nun also die Geschicke der Stadt bestimmt haben. Nach dem dargestellten archäologischen Befund und den betreffenden Schlußfolgerungen könnte sich für Troia VIIa folgendes gesellschaftliche Szenario ergeben: Das Erdbeben hatte nicht nur zur Zerstörung von ‚Troia VI Spät‘ geführt, sondern auch zu einem Sturz oder wenigstens zu einer erheblichen Machtbeschneidung der sozialen Elite. Vielleicht schon seit längerem latent vorhandene soziale und politische Spannungen waren durch die Katastrophe, die im Bewußtsein des Volkes offenlegte, daß die Götter dem Herrscher und der Aristokratie ihre Unterstützung entzogen hatten, aufgebrochen und hatten teils zu deren Beseitigung, teils zu deren Vertreibung geführt. Dadurch konnte die ‚Mittelschicht‘ die Macht übernehmen. Denkbar wäre auch, daß der größte Teil der sozialen Elite aus den genannten Gründen im Zuge des sozialen Umbruchs als Folge der Katastrophe vertrieben oder getötet wurde, ein Rest aber überlebte und sich jetzt die Macht mit der ‚Mittelschicht‘ teilte. Eine solche Theorie, die keineswegs neu ist, würde jedenfalls den archäologischen Befund erklären, ist aber – wie alles, was der Absicherung durch Schriftquellen entbehrt – nur eine Hypothese.

Der Troianische Krieg und der archäologische Befund von Troia VII a

Troia VII a ging in einer Brandkatastrophe unter, die noch größere Ausmaße hatte als jene, die das Ende von Troia VI mitbesiegelt hatte. Im Zerstörungsschutt der Burg und des südwestlich vor ihr gelegenen Stadtviertels wurden viel verbranntes Holz und anderes durch Brand versehrtes Material, zahlreiche hart gebrannte Lehmziegel und viele durch die Hitze teilweise zu Kalk verbrannte Steine gefunden. Auch hat man in dieser Schicht sowohl in Häusern als auch auf Straßen verschiedentlich Skelett- und Schädelreste entdeckt, am Abhang vor der westlichen Burgmauer sogar ein zusammengekrümmtes Skelett mit zerschmettertem Schädel. Zudem fanden sich im Schutt von Zitadelle und Untersiedlung einige bronzene Pfeil-, Speer- bzw. Lanzenspitzen. Und auch diese Befunde wurden – Troianischer Krieg um jeden Preis – als Anzeichen einer Eroberung gedeutet. Aber das erscheint keineswegs zwingend. Der Zerstörungsschutt kann ebenso gut trauriges Zeugnis eines aus natürlichen Gründen in der Sommerhitze ausgebrochenen Brandes gewesen sein, der seine verheerende Wirkung den immer wieder die Troas und Nordwestkleinasien insgesamt heimsuchenden heftigen Nordostwinden verdanken mochte. Wer einmal einen solchen Brand erlebt hat (wie der Autor dieses Büchleins im Sommer 1999 und 2000 im Bereich der Akropolis von Pergamon), weiß, daß dadurch genau solche Schäden hervorgerufen werden, wie eben beschrieben. Und nicht von ungefähr hat auch einer der Mitausgräber Blegens, der renommierte Prähistoriker J. L. Caskey, obwohl er selbst von der Eroberungshypothese überzeugt war, zugegeben, daß auch ein aus den genannten Gründen zustande gekommener Brand den Untergang von Troia VII a heraufbeschworen haben kann.

Auch waren die Skelett- und Schädelreste so fragmentarisch erhalten, daß definitiv keine Aussagen über die Todesursache der Toten gemacht werden konnten. Der einzelne Tote, den man vor der westlichen Mauer fand, muß keineswegs durch

Wurfgeschosse oder Steinwürfe zu Tode gekommen sein, wie man vermutet hat. Immerhin lag er innerhalb der Krümmung einer längeren Mauer, die eventuell nur die Umfriedung einer Begräbnisstätte war. Alle Überreste der Toten, auf die man stieß, lassen sich auch so erklären, daß die Betreffenden von zusammenstürzenden Mauer- und Gebälkteilen bzw. niederprasselnden Steinen und Holzstücken erschlagen wurden. Die Überreste jener Toten aber, die die Heimkehrer nach der Katastrophe aus dem Schutt bergen konnten, wurden begraben. Auch die Waffenfunde im Zerstörungsschutt muß man nicht auf Biegen und Brechen als Folgeerscheinung eines kriegerischen Ereignisses interpretieren. Man kann sich ohne weiteres vorstellen, daß sie in den oder außen an den Häusern an (Holz)Säulen/Pfosten oder Wänden befestigt bzw. angelehnt waren – so wie es in der Odyssee für den Palast des Odysseus beschrieben wird (1, 125–129; 17, 28–30; 19, 1–46; 22, 21–26) – und dann bei der Zerstörung der Gebäude in den Schutt geraten sind. Auch sollte man nicht vergessen, daß in jenen Fundschichten, die der Zerstörungsschicht von Troia VI *voraus*lagen, also in den älteren *Wohn*ablagerungen, ebenfalls solche Waffenfunde gemacht wurden.

Um die Eroberungshypothese wenigstens für Troia VIIa zu retten, hat man neuerdings noch andere Argumente vorgebracht (Abb. 13 b. 14): Auf dem Platz *vor* dem Südwesttor (z 8) wurden drei unterschiedlich große Haufen von kleinen, runden Kieselsteinen ausgegraben, die man zu Schleudersteinen und mithin zu Überbleibseln von Kämpfen erklärte. Zudem wurde südwestlich vor der Burgmauer im großen Hof eines Hauskomplexes von Troia VIIa (in z 7), jedoch unter dem Zerstörungsschutt dieser Stadt, das Grab eines jungen Mädchens entdeckt: Dieses Grab bestand aus einer flachen Grube, die mit Scherben von Vorratsgefäßen bedeckt war und in der nur Knochen aus dem Kopf- und Rumpfbereich lagen. Dies interpretierte man als Notbestattung unter den Bedingungen einer Belagerung.

Die Schleudersteine sollten erst umfassend untersucht und dann interpretiert werden, denn gerade Kleinfunde bereiten oft erhebliche Unsicherheiten in der Deutung. Nimmt man aber einmal an, daß die Kieselsteine wirklich Schleuderkugeln waren, so fragt man sich verwundert, was sie dann gerade an dieser Stelle zu suchen hatten, nur wenig vor dem ehemaligen und in der Phase Troia VIIa schon zugemauerten Tor? Die Verteidiger dürften doch wohl am ehesten von der Mauer aus derartige Geschosse verwendet haben, denn das war für sie viel sicherer und effizienter, und die Angreifer haben sie wohl schwerlich von einer nur wenig von der Mauer entfernten (zwischen 20 und 30 Metern), ungedeckten und damit den Fernwaffen der Verteidiger gefährlich ausgesetzten Stelle benutzt.

Was das Mädchengrab betrifft, so weist der Umstand einer Körperbestattung grundsätzlich zunächst einmal nicht auf ein Notbegräbnis hin, denn wir kennen derartige Bestattungen, wie bereits dargelegt, auch vom Beşik Yassı Tepe (Abb. 3; s. S. 33. 34). Auch hat eine eingehende anthropologische Untersuchung der Überreste keinen Hinweis auf die Todesursache und die Möglichkeit einer sekundären Bestattung ergeben; das würde bedeuten, daß Bewohner von Troia VIIa die Reste dieses Mädchens am späteren Fundort ordentlich bestattet haben. Das Argument, daß Tote grundsätzlich nicht innerhalb der Stadt begraben wurden, überzeugt nicht ohne weiteres. Immerhin wurde in D9, d.h. unmittelbar vor der Burgmauer (also viel näher an dieser als das Mädchengrab in z 7), über der Brandschicht von Troia VIIa eine Bestattung mit dem beigabenlosen, gut erhaltenen Skelett einer Frau freigelegt, das mit Pithosscherben überdeckt war – ebenso wie das Grab in z 7. Es gehört zwar, wie die Fundumstände belegen, nicht zu Troia VIIa, kann aber auch nicht viel jünger sein, denn die Bestattungsweise ist identisch, und das Grab wurde nicht besonders tief angelegt (Abb. 13b. 14). Das aber heißt, daß wir uns am ehesten im 12./11. Jh. befinden, als der Bereich unmittelbar vor der Mauer noch besiedelt war. Dieses Grab, das so deutliche Ähnlichkeiten mit dem Mädchengrab aus Troia VIIa zeigt, nur deshalb einer *viel* späteren Zeit zuzuweisen, weil man angeblich zur Zeit von Troia VIIb 1, VIIb 2 und – nach Korfmann – von Phase VIIb 3 keine Toten im Siedlungsbereich bestattete, ist daher nicht haltbar. Nicht ohne Grund hat man dieses Grab schließlich auch Troia VIIb zugewiesen.

Schließlich wurde als Argument, das die Eroberungsthese stützen sollte, geltend gemacht, daß in der auf Troia VIIa folgenden Schicht – also in Troia VIIb 1 – neben den Überlebenden der älteren Bevölkerung ein aus dem Balkan stammendes Volk lebte. Von der Existenz dieser ‚Fremden' in Troia VIIb 1 bin auch ich überzeugt und glaube, daß sich diese Annahme noch erhärten läßt. Aber diese Fremden müssen durchaus nicht die *Eroberer* von Troia VIIa gewesen sein. In jedem Fall sollte man ernsthaft überlegen, ob sich dieses fremde Volk nicht erst *nach* dem Ende von Troia VIIa – also in der durch die Brandkatastrophe geschwächten Siedlung – niedergelassen hat; die Fremden hätten demnach den aus natürlichen Gründen eingetretenen Untergang von Troia VIIa genutzt und dort auf friedlichem Wege Fuß gefaßt.

Faßt man die Untersuchungsergebnisse zum Ende von Troia VIIa nüchtern zusammen und betrachtet sie ohne das Bedürfnis, den Troianischen Krieg ausgraben zu wollen, so muß man auch in diesem Fall von der lieb gewordenen Vorstellung einer Eroberung Troias Abschied nehmen. Was um 1200 infolge einer Brandkatastrophe in Schutt und Asche fiel – dies ist der Zeithorizont, der sich aufgrund der Untersuchungen der mykenischen Keramik durch Mountjoy für den Untergang von Troia VIIa ergibt –, bleibt ohne Bezug zu den Helden Homers.

Troia VIIb 1

Diese Siedlung umfaßte zwei Bauperioden, die durch Brandschutt getrennt sind. Dennoch werden diese Unterphasen zu einer Stadt oder Schicht zusammengefaßt, weil sie dieselbe neue Keramik, die sogenannte *Barbarian Ware* oder *Coarse Ware*, aufweisen und eine weitere Troia bisher fremde Gattung, die sogenannte Buckelkeramik, erstmals mit der Niederlassung Troia VIIb 2 erscheint.

Unmittelbar nach dem Ende von Troia VII a setzte der Wiederaufbau der Stadt ein, so daß die als Troia VII b 1 bezeichnete Siedlung entstand (Abb. 13 b. 14). Vielleicht wurde schon in dieser Phase – und nicht zu Beginn von Troia VII b 2 – der Brunnen B b von Troia VI mit einer neuen Fassung aus kleinsteinigem Mauerwerk versehen und so weiter verwendet. Häufig wurden die noch teilweise erhaltenen älteren Hausmauern in den Aufbau einbezogen. Dabei veränderte man die Anlagen auch manchmal, indem z. B. – wie bei dem Haus VII ϑ in JK 6/7 – eine Zwischenwand in einer ganz anderen Mauertechnik eingezogen wurde, so daß aus dem einräumigen Haus des einstigen Troia VII a nun ein megaronartiges wurde. Die neue Mauertechnik bestand darin, daß im Fundament oder in der Unterschicht des sichtbaren Teils der Wände große, hochkant gestellte Platten von unregelmäßiger Form angebracht wurden: Dörpfeld sprach in diesem Zusammenhang von Orthostatentechnik. Auf diesen großen Blöcken der unteren Steinlagen erhob sich dann sehr hohes Mauerwerk, das aus größeren oder kleineren, durch Lehmmörtel verbundenen Steinen bestand. Das Steinmaterial, das man dazu verwendete, wurde häufig aus den bei der Zerstörung von Troia VII a umgefallenen Teilen der Hauswände genommen. Daß die Einführung der neuen Mauertechnik schon zu Beginn von Troia VII b 1 erfolgte, haben die Grabungen Blegens, mehr noch die Untersuchungen des Verfassers dieses Büchleins ergeben. Bauten in traditionellem und neuem Baustil standen damals also nebeneinander. Was im Zentrum der Zitadelle geschah, ist auch für diese Schicht unbekannt. Wie die Veränderungen der an den Oberbau der Ringmauer anstoßenden Häuser zeigen, muß man diesen, sofern er bei der Zerstörung von VII a beschädigt worden war, repariert haben (Abb. 5). Eventuell erst jetzt wurde das Südosttor zugemauert. An die Zitadelle schloß auch in Troia VII b 1 wieder eine Untersiedlung an, die aber anscheinend deutlich kleiner war als zuvor.

Was die Keramik angeht, so wurden die aus Troia VII a bekannten Gattungen weiterhin hergestellt (dabei die mykenische Ware wiederum in geringerer Menge als früher), aber es kam in größerer Menge nun eine bisher unbekannte Gattung hinzu, die schon erwähnte *Barbarian Ware* oder *Coarse Ware* (wörtlich: barbarische bzw. grobe, rohe Ware). Es handelt sich bei ihr im Gegensatz zu den bislang in Troia gebrauchten Gattungen um eine Ware, die nicht auf der Töpferscheibe, sondern mit der Hand geformt und aus sehr grobem Ton gefertigt war. Diese Gefäße waren etwas unterhalb des Randes mit einer aufgesetzten Leiste verziert, in die man mit dem Finger Eindrücke geprägt hatte ('Fingertupfenleisten'); d.h. es wurde in Troia VIIb 1 *auch* eine neue, aber sehr primitive Keramik verwendet. Das kulturelle Profil dieser Siedlung zeichnete sich also dadurch aus, daß Elemente der alten Kultur – jener von Troia VI und VIIa – und solche einer neuen, fremden, nebeneinander existierten. Sucht man nach der Herkunft der neuen Kulturelemente, so wird man in das Zentrum der *Barbarian* bzw. *Coarse Ware* verwiesen, d.h. nach dem heutigen Ostrumänien/Nordostbulgarien, Thrakien, Makedonien, Epirus und dem südlichen Albanien (Abb. 1).

Wie aber kam die fremde Kultur nach Troia? War sie aufgrund inzwischen enger gewordener Kontakte zwischen der Troas und der genannten Region eingedrungen, oder war sie durch Einwanderung eines aus diesem Gebiet stammenden Volkes nach Troia gebracht worden? Daß man Exemplare einer so primitiven Keramik wie der *Barbarian* bzw. *Coarse Ware* importiert und dann imitiert hätte, obwohl man in der Lage gewesen war, Keramik von viel höherer Qualität wie die Anatolische Grauware, die Tan Ware und solche im mykenischen Stil zu produzieren, scheint wenig glaubhaft. Und daß man eine ebenfalls sehr urtümliche Mauertechnik übernommen hätte, obwohl man einen viel ausgefeilteren Baustil gekannt hat, will ebenfalls nicht einleuchten. Dieser irritierende Eindruck wird noch dadurch verstärkt, daß auch der Ausbau der alten Ringmauer, der wohl nach einer im Laufe von Troia VIIb 1 erfolgten Brandzerstörung stattfand, zwar außerordentlich gewaltig wirkende Mauerabschnitte hervorbrachte, aber bautechnisch gesehen nicht nur ganz anders war als bisher, sondern auch einen Rückschritt darstellte.

Aus all dem wird man schließen dürfen, daß die Elemente der neuen Kultur deshalb nach Troia gekommen sind, weil sich hier Angehörige eines fremden Volkes niedergelassen haben. Geht man vom keramischen Befund aus, so müßte es vom mittleren Balkan gekommen sein, d. h. es könnte der illyrisch-thrakischen Sprachgruppe angehört haben. Ein solches Volk hatte sich zweifellos schon in vorhomerischer Zeit in der Troas niedergelassen, wie die Ilias bezeugt, die die am Nordhang des Ida-Gebirges lebenden Dardaner und das sie regierende und letztlich nach Thrakien weisende Fürstengeschlecht der Aineiaden kennt sowie Namen von Örtlichkeiten in und bei Troia nennt, die illyrisch-thrakischer Herkunft sind: Dies gilt etwa für den am höchsten gelegenen Teil von Troia, die Pergamos, und für ein Stadttor, das Skaiische Tor, oder auch für den Hügel Batieia vor der Stadt und ebenso für die Flüsse Arisbos und Rhesos in der östlichen Troas (Abb. 2).

Ob diese Dardaner mit den Bewohnern des ‚Fremdlandes D-3-r-dn-jj' = ‚Dardanija' identisch sind, die nach den ägyptischen Quellen in der Schlacht von Kadesch am Orontes (im westlichen Syrien) um 1275 als Truppenkontingent auf hethitischer Seite gegen das Heer des Pharaos Ramses II. kämpften, wie häufig vermutet wurde, scheint mir daher fraglich zu sein; immerhin könnte es sich bei diesen auch um eine von Dardanern gebildete und von den Hethitern angeworbene Söldnertruppe handeln, die – aus welchen Gründen auch immer – schon viel früher ins hethitische Herrschaftsgebiet gekommen war und dort irgendwo lebte (oder der Name ‚Fremdland D-3-r-dn-jj' hat gar nichts mit den ‚Dárdanoi' des Balkans und der Troas zu tun, sondern klingt nur ähnlich).

In der Zeit von Troia VIIb 1 kam es nicht nur zu einer Brandzerstörung, sondern auch das Ende dieser Siedlung wurde dadurch herbeigeführt. Nichts deutet darauf hin, daß auch nur einer der beiden Brände die Folge einer Eroberung war. Blegen nimmt für Troia VIIb 1 eine nur sehr kurze Lebensdauer an. Die Untersuchungen des Autors dieser Abhandlung und jene von Mountjoy haben jedoch gezeigt, daß sie viel länger währte, eventuell sogar 80 oder 90 Jahre erreichte, d.h. daß Troia VIIb 1 vielleicht erst um 1100 in Flammen aufging.

Nach dem ersten Brand kam es zu einem Ausbau der Ringmauer, so nachweislich im Osten und Südosten, in JK 4–7 (Abb. 13b. 14). Jetzt war der Sockel der Mauer im angegebenen Bereich außen so hoch verschüttet, daß eine Ergänzung der Bausubstanz notwendig erschien. Das Oberflächenniveau vor der Mauer erreichte inzwischen eine Höhe von 32,40 Metern über dem Meeresspiegel und lag so nur noch knapp 1 Meter unter dem Ansatz des Oberbaus der Ringmauer; zu Beginn von Troia VIIb 1 hatte es immerhin noch bei 31,50 Metern gelegen, wobei sich die Maßangaben auf den Raum unmittelbar vor dem Südosttor beziehen. Der Sockel der Mauer ragte also nur noch kaum einen Meter empor – man erinnere sich, daß er sich kurz nach seiner Erbauung durch eine Höhe von 4 Metern ausgezeichnet hatte! Der Oberbau war also nun von Feinden viel leichter zu ersteigen als jemals zuvor, außerdem war er nur 2 Meter dick. Um den Rest der Befestigungsmauer wieder funktionsfähig zu machen, wurden im Inneren der zu Beginn von Troia VIIb 1 an den Oberbau gesetzten Häuser und parallel zu diesem Mauern errichtet, und zwar im Osten in einer Entfernung von ca. 3 und im Südosten in einer solchen von 4 bis 6 Metern (Abb. 13b. 14). Der untere Teil dieser Mauern war als Fundament mehr oder minder tief in den Boden eingelassen; der obere bildete zum Burginnern hin eine Fassade, die stellenweise – wie nachweislich in Haus VII in K 5 – in Orthostatentechnik (s. S. 71) gemauert war. Die Zwischenräume zwischen Oberbau und Innenfassaden wurden mit einer Packung aus meist kleinen Steinen und Erde aufgefüllt.

Etwas anders verfuhr man bei dem inzwischen zugemauerten Durchlaß des Südosttores: Hier bildete die Südwand des im Knick der Ostmauer gelegenen Hauses (K 5/6) die Innenfassade, während eine nun in K 6 erbaute, geböschte Wand die Außenfassade ergab (Abb. 8), wobei der Zwischenraum aus der eben genannten Steinerdschüttung bestand. Durch all diese Baumaßnahmen entstand im Osten ein ca. 5 Meter und im Südosten ein zwischen 6 und 8 Meter breiter Sockel. Wie hoch er ursprünglich war, läßt sich nicht mehr errechnen, jedenfalls mehr als 2 Meter. Daß er gewiß von beträchtlicher Höhe war, geht aus seiner außerordentlichen Breite hervor. Im Osten und Südosten war also wieder eine gewaltige Ringmauer vorhanden, und das ehemalige Südosttor war in eine mächtige Bastion umgewandelt worden (Abb. 8. 13b. 14). Die Innenfassade des neuen Sockels war, von der stellenweise in Orthostatentechnik gebauten Unterschicht abgesehen, der älteren Bauweise der Burgmauer nicht unähnlich; und das gilt auch für die Außenfassade der neuen Südostbastion (Abb. 8). Aber im Vergleich zur bisherigen Fortifikationstechnik (Wehrbautechnik) stellten diese Verstärkungen einen Rückschritt dar. Dennoch muß die auf diesem Wege veränderte Ringmauer für die damalige Zeit ein gewaltiges Bollwerk gewesen sein. Man wird annehmen dürfen, daß gleichzeitig mit dem beschriebenen Ausbau auch an anderen Stellen der Burgmauer – eben da, wo es notwendig war – derartige Erweiterungsmaßnahmen durchgeführt wurden. In anderen Abschnitten, so im Westen und Norden, ragte die Mauer immerhin noch so hoch empor bzw. war sie so hoch gegründet, daß vermutlich nur kleinere Reparaturen erforderlich waren. Troia war also nach der im Laufe von Troia VII b 1 eingetretenen Brandzerstörung trotz des unverkennbaren Rückschritts in der Fortifikationstechnik wieder von einer mächtigen, nur schwer erstürmbaren Mauer umgürtet.

Der während Troia VII b 1 ausgebrochene Brand und der auf ihn folgende Ausbau der Ringmauer dürften dafür verantwortlich gewesen sein, daß nun viele der oben erwähnten Häuser in JK 6/7/8 durch vorgelegte Räume erweitert wurden, was auch zu einer weitgehenden Zumauerung des Platzes in J 7 führte (Abb. 13b. 14). Der auf diese Weise zustande gekommene ,wabenartige' Charakter dieses Burgviertels war also *nicht* das Resultat planerischer Absicht, sondern wurde dem Zufall verdankt.

Abb. 8: Teil der Südostmauer von Troia VI mit griechischer Mauerreparatur aus der Zeit um 400 (vorn links über der Erdschicht) und mit der Außenfassade der das ehemalige Südosttor (VI S) ummantelnden Bastion von Troia VIIb 1 in K 6 (über dem türkischen Arbeiter hinten in der Mitte) während der Grabung 1894. – DAI Athen, Dörpfeld, Neg. Nr. Troia 467.

Troia VIIb 2

Die neue Siedlung (Abb. 13 b. 14) bestand wie die vorherige aus einer Burg und einer eher kleinen Untersiedlung, wobei auch jetzt unklar ist, wie das Zentrum der Zitadelle aussah. Der vielleicht schon in Troia VIIb 1 mit einer neuen Fassung versehene Brunnen B b wurde aufgelassen, so daß er sich von nun an mit Schutt auffüllte. Die Bauten von Troia VIIb 1 wurden renoviert wie z. B. die Häuser 768 und 769 in EF 8 (Abb. 14). Zusätzlich errichtete man Neubauten wie beispielsweise außerhalb der Ringmauer das Haus 791 in A 7. Ein neuer Baustil wurde nicht eingeführt, alle neuen Mauern und Gebäude waren in Orthostatentechnik aufgeführt. Nur auf dem Gebiet der Keramik kam es zu einer Neuerung, die im Auftreten von manchmal kleineren, manchmal größeren Mengen sogenannter Buckelkeramik sichtbar wird (sie kann gelegentlich bis zu einem Drittel der Gesamtmenge der Keramik ausmachen). Dabei handelte es sich um in der Regel nicht auf der Töpferscheibe, sondern mit der Hand gefertigte Gefäße aus sehr grobem Ton, die aber oft dünnwandig waren und mit einem oft hochpolierten, schwarzen oder bräunlichen Überzug versehen sein konnten. Außerdem waren sie mit Rillenreihen (,Kanneluren'), Ritz- und Stempelmustern, spitzen Kuppen oder großen Hörnern verziert; von diesen ,Ausbuchtungen' (Buckeln) stammt der Name der Ware. Jedoch wurden die gewohnten Gattungen einschließlich der *Barbarian* bzw. *Coarse Ware* in großer Zahl weiterverwendet, wobei nur die mykenische Keramik noch weniger als zuvor in Gebrauch war.

Die Brandzerstörung, die Troia VIIb 1 ein Ende setzte, stellte also keineswegs eine so scharfe Zäsur dar wie die, die zum Untergang von Troia VIIa geführt hatte, denn kulturell hat sich in der Folgezeit nur wenig geändert.

Die oft als ,primitiv' abqualifizierte Buckelkeramik wirkt nur dann so, wenn man sie nach Technik und Tonzusammensetzung bewertet; ansonsten weist sie durchaus mancherlei Reize auf, so den manchmal hochpolierten Überzug und die ‚exotischen' Dekorationsformen. Zweifellos kam sie ursprünglich nicht aus Troia, sondern hat ihre Wurzeln in Ostrumänien/Nordostbulgarien, aber das bedeutet nicht, daß sie Einwanderer in die Troas mitgebracht haben müssen, wie des öfteren angenommen wurde. Da die auf dem Balkan produzierten Gefäße durchaus nicht mit den troianischen identisch sind und für diesen Zeitraum (Troia VIIb 2) auch weitere Indizien für eine Einwanderung aus diesem Raum fehlen – anders als es in Troia VIIb 1 der Fall war –, wird man die Existenz dieser Ware viel eher auf kulturelle Kontakte zwischen Troia und der genannten Region zurückführen und die in Troia gefundenen Stücke als hier entstandene, lokale Ausprägungen vereinzelter Importe erklären wollen.

Auch Troia VIIb 2 ging in einer Brandkatastrophe zugrunde. Ob damit ein Erdbeben verbunden war, wie jüngst vermutet, ist schwer zu sagen; die dafür angeführten Befunde müssen keineswegs dadurch erklärt werden. In jedem Fall war der Untergang nicht die Folge einer Eroberung, sondern resultierte aus alltäglichen Gründen, die immer wieder in vormoderner Zeit das Ende von Städten bedeuteten. Dieser Schluß fußt zum einen darauf, daß in der Zerstörungsschicht nirgends Reste von Waffen oder Toten aufgetaucht sind. Zum anderen ergibt der Befund im Haus 768 (Abb. 14), daß die Bewohner das Gebäude fluchtartig verließen, es aber nach der Katastrophe, nachdem es renoviert worden war, erneut von Trägern der Kultur von Troia VIIb 2 bewohnt wurde. So etwas hätte sich kaum ereignet, wenn die Siedlung zuvor eingenommen und von den Siegern besetzt worden wäre.

Der Untergang von Troia VIIb 2, mit dem die Bronzezeit endete, dürfte am ehesten um 1020 eingetreten sein, wie sowohl aus der mykenischen Keramik dieser Stadt als auch aus der sogenannten frühprotogeometrischen der darauf folgenden Schicht hervorgeht (s. S. 81).

Ehe die Darstellung und Bewertung der archäologischen Befunde aus Troia VI und VII abgeschlossen wird, will ich noch auf einen Gegenstand aus dem Schutt von Troia VIIb eingehen, der die Gemüter in Erregung versetzt hat: In der

Zitadelle von Troia VII b – eine genauere Zuordnung ist leider nicht möglich – wurde ein Bronzesiegel mit luwischen Hieroglyphen gefunden, in denen von einem Schreiber die Rede ist. Korfmann hat dies als einen Hinweis darauf angesehen, daß die Bewohner von Troia VII b 2 der Kunst des Schreibens mächtig gewesen seien und luwisch gesprochen hätten. Dies einem vereinzelten Siegelfund entnehmen zu wollen, ist jedoch wissenschaftlich nicht vertretbar. Bisher fehlt sogar jedes Indiz dafür, daß die Bewohner der Schichten Troia VI und VII a schreiben konnten; weder wurden Spuren eines Tontafelarchivs noch Steininschriften oder Siegel bzw. Siegelabdrücke in Ton gefunden. Und noch weniger wird man solche Fähigkeiten für die Bevölkerung von Troia VII b erwarten dürfen, wenn man an deren zweifellos geringeres Kulturniveau denkt. Und nach all dem, was oben (S. 53 ff.) dargelegt wurde, hat man in der Troas selbst bis um 1200 gar nicht luwisch gesprochen. Ein Vergleich sei gestattet: Man hat in der mykenischen Burg von Theben in Boiotien (Abb. 1) ein Siegel mit hethitischen Hieroglyphen und figürlichen Darstellungen gefunden; würde man ebenso waghalsig wie unwissenschaftlich die aus dem Siegelfund aus Troia gezogene Folgerung auf *dieses* Stück in Theben übertragen, so hieße das, daß die mykenischen Bewohner Thebens die hethitische Sprache und Schrift beherrscht hätten. Jedoch ist bestens bekannt, daß ihre Sprache ein sehr altertümliches Griechisch – der sogenannte mykenische Dialekt – war und daß sie eine ganz andere Schrift, nämlich das sogenannte Linear B, schrieben. Folglich muß der aus dem in Troia VII b gefundenen Siegel gezogene Schluß zurückgewiesen werden. Man wird diesen Fund ganz anders zu deuten haben: Entweder hatte ein Troianer das Siegel von einer Reise in luwische Länder als Andenken/Geschenk mitgebracht, oder ein Luwier hatte es bei einem Besuch Troias vielleicht als Dankesgabe dort zurückgelassen; vielleicht ist das Stück aber auch auf verschlungenen Handelswegen in die Stadt an den Dardanellen gelangt.

Wirft man nun zusammenfassend einen Blick auf die Zerstörungsschichten von Troia VI bis VII b 2, so ergeben sich folgende, für die Beurteilung eines historischen Kerns der Sage vom ‚Troianischen Krieg' wichtige Resultate: Es fehlt *jedes* Indiz, daß es erlauben würde, den Untergang von Troia VI, VIIb 1 und VIIb 2 auf Eroberungen zurückzuführen. Das Ende dieser Städte kann ohne weiteres als Folge von Naturkatastrophen oder Bränden, die alltägliche Gründe hatten, erklärt werden. Der Untergang von Troia VIIa *könnte,* aber *muß* nicht durch die Annahme einer gewaltsamen Einnahme erklärt werden; wäre das aber der Fall gewesen, so wären die Eroberer ein balkanisches Volk, eventuell die Dardaner, nicht aber mykenische Griechen gewesen.

Selbst wenn Troia VIIa erobert worden wäre, so hätte sich das aber nicht in der griechischen Sage widergespiegelt; nicht der kleinste Zug davon würde auf so etwas hindeuten. Daß sich die mykenischen Griechen das Ende von Troia VI, VIIa und VIIb 1 zunutze gemacht hätten, um sich der jeweiligen Stadt zu bemächtigen, kann ebenfalls ausgeschlossen werden: Zum einen hatten sie keinen Grund, Troia auszuschalten, denn der Handel zwischen Mykenern und Troianern war selbst zur Zeit von Troia VI sehr gering und nahm in der Folgezeit eher noch ab, und mykenische Griechen hatten auch zu keinem Zeitpunkt essentielle wirtschaftliche Interessen an den hinter den Dardanellen gelegenen Ländern. Zum anderen war es nach den Zerstörungen dieser Städte auch nie zu einer Niederlassung solcher Griechen in der Troas gekommen. Außerdem ließ die Bedrohung, unter der die Zentren der mykenischen Welt am Ende des 13. Jhs. standen, keinen Feldzug gegen Troia VIIa zu. Allerdings soll im nächsten Kapitel gezeigt werden, daß Griechen den Untergang von Troia VIIb 2 *ausnutzten,* um sich auf Hisarlık niederzulassen.

In dem gesamten Kontext ist es auch sehr wichtig hervorzuheben, daß sich nirgendwo in der Umgebung Troias den Zerstörungsschichten gleichzeitige Spuren von Belagerungsversuchen finden lassen, und zwar weder von nichtgriechischen noch von mykenisch-griechischen Angreifern; Schanzen und Schiffslagerbefestigungen oder irgendetwas dieser Art wurden trotz vielfachen und eifrigen Suchens weder im

Umkreis der Stadt noch an der Nordküste und auch nicht in der Beşika-Bucht entdeckt (Abb. 3). Damit fehlt jeder archäologische Hinweis jedenfalls auf *länger* dauernde Belagerungsversuche.

Troia VIII

In der nun folgenden Siedlungsphase, mit der die Eisenzeit beginnt, waren anfangs noch die für Troia VIIb 2 typischen Gattungen, besonders die Buckelkeramik, in Gebrauch. Aber bald kam es zur Verwendung griechischer Keramik. Es handelt sich dabei um die ‚protogeometrische Keramik‘, die ‚Äolisch-Graue Ware‘, die ‚griechische Tan Ware‘ und die ‚G 2/3-Ware‘. Die protogeometrische Keramik ist eine von 1020 bis 900 im griechischen Kulturraum auftretende Gattung, bei der die Dekoration besonders aus Gruppen von Voll- und Halbkreisen sowie Linienmustern besteht; die Kreise wurden mit dem Zirkel oder einem zirkelähnlichen Instrument, die Linien mit dem Lineal gezogen. Die Gefäße stellten der Form nach meist neu akzentuierte Weiterbildungen mykenischer Typen dar. Unter der protogeometrischen Keramik Troias, deren Hauptgefäßform die Amphora war, läßt sich eine früh- und eine spätprotogeometrische Stufe unterscheiden. Die Vertreter der frühprotogeometrischen Phase gehören an das Ende des 11. und in die 1. Hälfte des 10. Jhs., ihre Dekoration besteht vor allem aus Gruppen von jeweils drei bis fünf Vollkreisen (Abb. 9a). Die Exemplare der spätprotogeometrischen Stufe sind in die 2. Hälfte des 10. Jhs. zu setzen, ihre Verzierung setzt sich besonders aus Gruppen von jeweils bis zu acht Vollkreisen zusammen (Abb. 9b). Wohl noch in spätprotogeometrischer Zeit bildete sich die sogenannte subprotogeometrische Keramik heraus, die in Troia bis etwa 750 in Gebrauch war; bei ihr zeigen sich häufig Gruppen von jeweils bis zu neun Vollkreisen. Die Äolisch-Graue Ware ist eine Fortentwicklung der Anatolischen Grauware, wobei die Oberfläche qualitätvoller Stücke häufig einen metallisch-stahlartigen Glanz erhielt (Abb. 10a). Bronzezeitli-

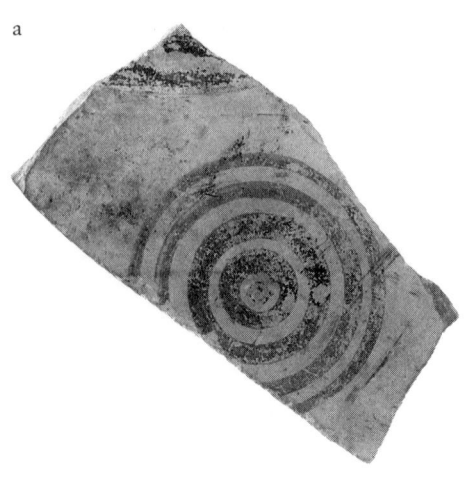

Abb. 9a: Frühprotogeometrische Scherbe, Höhe 9,4 cm (spätes 11. und
1. Hälfte des 10. Jhs.). Abb. 9b: Spätprotogeometrische Scherbe, Höhe
8,2 cm (2. Hälfte des 10. Jhs.). Beide von Amphoren und in der Schliemann-Sammlung des Museums für Vor- und Frühgeschichte in Berlin. 9a:
Inv. ‚Zu Schmidt Nr. 3649'. – 9b: Inv. Tr. 1048. 18. – Fotos C. Plamp.

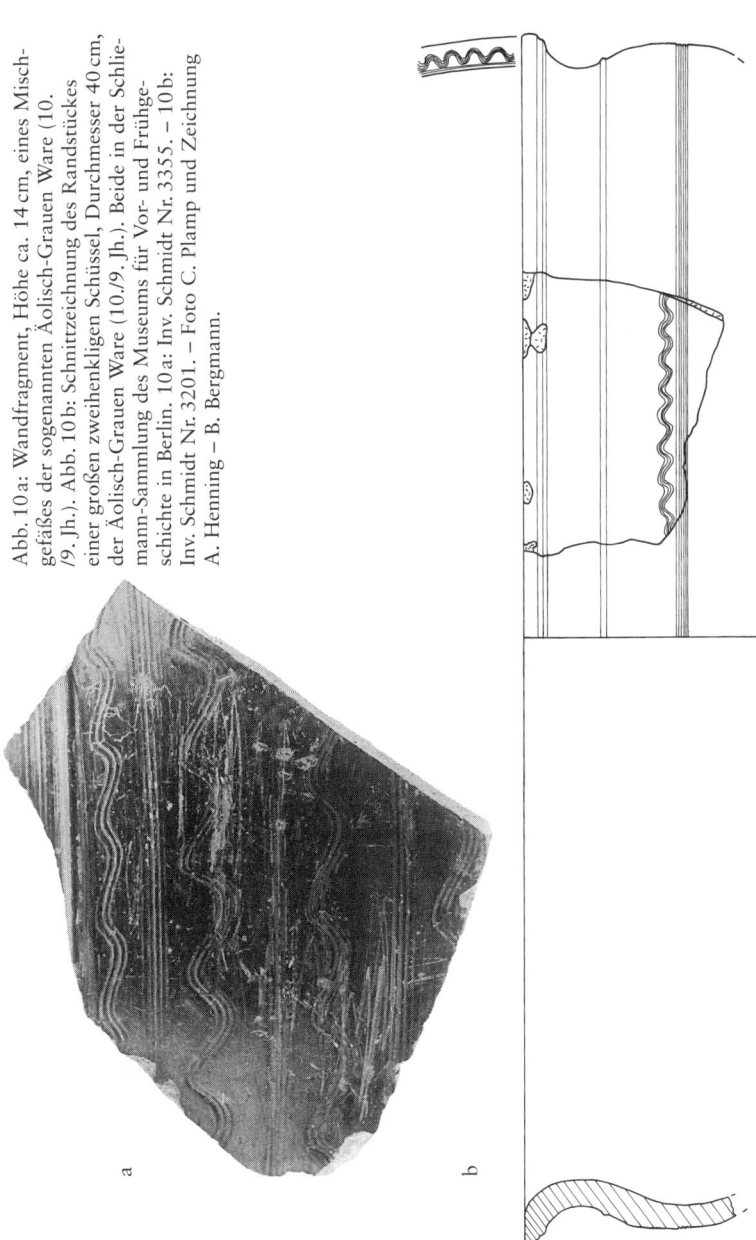

Abb. 10a: Wandfragment, Höhe ca. 14 cm, eines Mischgefäßes der sogenannten Äolisch-Grauen Ware (10./9. Jh.). Abb. 10b: Schnittzeichnung des Randstückes einer großen zweihenkligen Schüssel, Durchmesser 40 cm, der Äolisch-Grauen Ware (10./9. Jh.). Beide in der Schliemann-Sammlung des Museums für Vor- und Frühgeschichte in Berlin. 10a: Inv. Schmidt Nr. 3355. – 10b: Inv. Schmidt Nr. 3201. – Foto C. Plamp und Zeichnung A. Henning – B. Bergmann.

a

b

che Gefäße lebten in veränderter Form weiter (Abb. 10 a), zum Teil kam es auch zur Entstehung neuer Typen (Abb. 10 b). Ältere Dekorationsmuster wie das Wellen- oder Zickzack- und das Horizontalband wurden beibehalten (Abb. 10 a. b), aber im Laufe der Zeit traten auch neue hinzu. Die Herstellung dieser Gattung begann im 11. Jh., und ihr Höhepunkt lag in der 1. Hälfte des 1. Jts. Die etwa gleichzeitig mit ihr auftretende griechische Tan Ware setzte ebenfalls eine bronzezeitliche Ware, nämlich die ältere Tan Ware, fort, wobei es sich mit ihren Gefäßformen verhielt wie bei jenen der Äolisch-Grauen Ware. Allerdings konnten sie nun auch Bemalung tragen. Die G 2/3-Ware ist eine Ware von sehr hoher Qualität, die nach einem ihrer Hauptfundorte, den Planquadraten G 2 und G 3, benannt ist (Abb. 13 b) und in eine ältere und eine jüngere Gruppe zerfällt. Die Ware weist einen gelblichen bis bräunlichen Überzug und rotbraune oder schokoladenfarbige Bemalung auf. Beliebt waren Trinkgefäße und Mischgefäße. Die meist sparsame Verzierung umfaßt einfache geometrische Muster. Dabei können bei den Vertretern der älteren Phase auch Gruppen von Voll- und Halbkreisen begegnen, die technisch wie bei der protogeometrischen Keramik angebracht sind; aber es gibt häufig auch nur Gruppen von eingeritzten und bemalten Horizontalrillen etwas unter dem Rand (Abb. 11 a). Bei den Exemplaren der jüngeren Stufe kommt ganz selten auch figürliche Bemalung vor (Abb. 11 b). Die ältere Gruppe gehört dem Zeitraum von 950/900 bis 800/750, die jüngere dem von 800/750 bis 680 an, wobei das Fragment mit figürlicher Bemalung um 700 zu datieren ist.

Daß Hisarlık auch nach dem Untergang von Troia VII b 2 bewohnt wurde, hat die Analyse des Befundes in und über der Brunnenfassung der Nordostbastion, des kleinen Hauses in JK 5, von dem noch eine Mauerecke gefunden wurde, der Häuser 768 und 769 in EF 8 und anderer ergeben (Abb. 13 b: vgl. auch 14). In Brunnen und Brunnenfassung der erwähnten Bastion folgt auf die Verfüllung aus der Zeit von Troia VII b 2 eine Ablagerung mit *Barbarian* bzw. *Coarse Ware*, Buckelkeramik

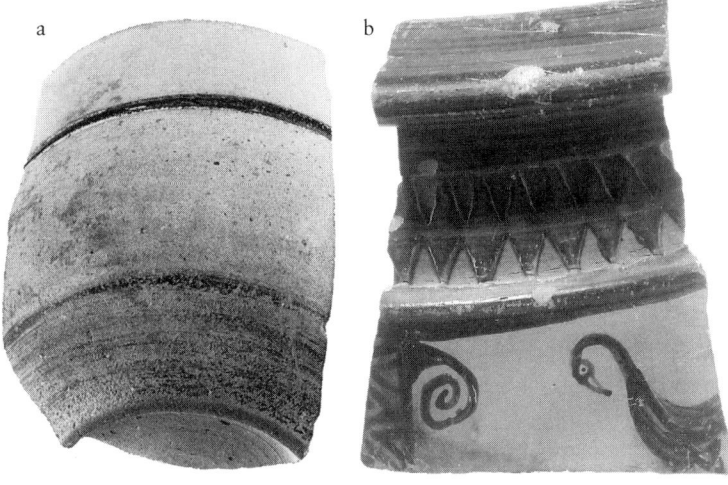

a

b

Abb. 11 a: Rand-, Wand- und Bodenfragment, Höhe 9,5 cm, eines einhenkligen Bechers der älteren Gruppe der G 2/3-Ware (ca. 950/900–800/
750). Abb. 11 b: Randstück eines Mischgefäßes, Durchmesser 27,8 cm,
der jüngeren Gruppe der G 2/3-Ware (um 700). Beide in der Schliemann-
Sammlung des Museums für Vor- und Frühgeschichte in Berlin. 11 a: Inv.
Schmidt Nr. 3694 – 11 b: Inv. Schmidt Nr. 3651. – Fotos C. Plamp.

und anderen in Troia VII b 2 vertretenen Gattungen, außerdem
mit frühprotogeometrischer Keramik (Abb. 9 a) und eventuell
noch mit Äolisch-Grauer Ware; darüber lag eine Schicht mit
eventuell früh- und spätprotogeometrischer Keramik, Äolisch-
Grauer Ware und griechischer Tan Ware. Das Haus in JK 5
wurde bald nach der Zerstörung von Troia VII b 2 nicht in der
Orthostatentechnik der Bewohner von Troia VII b, sondern in
griechischer Bauweise – in meist *kleinsteinigem* Mauerwerk
ohne Verwendung von Orthostaten – erbaut. Seine Bewohner
verwendeten etwas Buckelkeramik, noch mehr aber griechische Keramik, die ins späte 11., ins 10. und frühe 9. Jh. datiert
werden kann. Der Bau selbst aber diente noch über diesen Zeitraum hinaus als Wohnhaus. Unmittelbar nach der Zerstörung
von Troia VII b 2 hatte man die Häuser 768 und 769 renoviert;
ihre Bewohner verwendeten aber keine griechischen Gattun-

gen, sondern nur ältere, besonders Buckelkeramik. Damals wurden anscheinend auch andere Häuser von Troia VII b 2 renoviert und in ihnen entweder nur Buckelkeramik verwendet oder diese *und* protogeometrische Keramik. Der Sachverhalt, daß die Nutzung älterer Häuser und älterer Keramik fortdauerte, bald darauf auch Häuser in griechischer Bauweise errichtet und griechische Keramik verwendet wurden, läßt sich am besten so erklären, daß bald nach dem Ende von Troia VII b 2 die Nachfahren der vorgriechischen Bevölkerung mit griechischen Ankömmlingen zusammenwohnten. Für ein solches Zusammenleben spricht auch die Beibehaltung der Verzierungsmuster der Anatolischen Grauware in der Äolisch-Grauen Ware und die Weiterbenutzung der älteren Tan Ware. Dies findet eine Bestätigung in dem vor der Befestigungsmauer in A 7 gegen 950/900 erbauten kleinen, rechteckigen und vermutlich einräumigen Haus 850, bei dem zwei Wände in Orthostatentechnik, die dritte vorwiegend in griechischer Bauweise errichtet wurden.

Den Ablauf der Ereignisse kann man sich am ehesten so vorstellen: Nach dem Untergang von Troia VII b 2 richteten sich die Überlebenden wieder in den Ruinen ein und lebten wie vorher, nur auf niedrigerem Niveau. Infolge der geringer gewordenen Bevölkerungszahl wurden viele ältere Bauten nicht wiederinstandgesetzt. Die Schwäche dieser Nachfolgebesiedlung ausnutzend, ließen sich bald darauf Griechen in Troia nieder und errichteten dort Häuser. Schneller oder auch langsamer kam es zu einem Austausch kultureller Güter, wobei es, wie die Stratigraphie in der Brunnenfassung der Nordostbastion zeigt, nach einiger Zeit zu einer zunehmenden Dominanz der griechischen Kultur gekommen sein muß.

Diese Tendenz äußert sich vielleicht auch in der griechischen Keramik des Hauses 850. Sie scheint sich um 900 zu verstärken, wie den über und vor dem Haus 850 erbauten, sehr niedrigen und kleinen Rundstrukturen (Durchmesser 1,50–2 Meter), den sogenannten *paved circles,* zu entnehmen ist, an denen griechischer Toten- und Ahnenkult praktiziert wurde. Für diese Tendenz spricht ferner, daß der etwas nordwestlich der Burg angelegte Verbrennungsplatz, wo schon ein in Troia VI genutzter gelegen hatte, spätestens seit dem 9. Jh. zur Einäscherung verstorbener Griechen und vielleicht auch akkulturierter Nichtgriechen diente, wie die durchweg griechische Keramik dieser Fundstelle belegen kann. Und spätestens seit 900 wurde auch die griechische Göttin Athena kultisch verehrt, wie aus der von Dörpfeld gefundenen, starken Ablagerung über der Brunnenfassung der Nordostbastion zu folgern ist, die durch und durch mit Rückständen von Opfern durchsetzt war. In diesem Heiligtum dürfte im 8. Jh. ein kleiner Tempel errichtet worden sein, der am ehesten irgendwo im Bereich des im 3. Jh. erbauten bzw. seines Vorplatzes, das heißt in GHJ 4 (Abb. 13b), stand. Vermutlich seit dieser Zeit wurden außerdem nicht wenige neue Häuser in griechischer Bauweise errichtet, wie den Angaben Dörpfelds und neueren Untersuchungen zu entnehmen ist.

Offenbar war die griechische Präsenz in Troia zwischen 950/900 und 750 beträchtlich. Dies können folgende Scherben verdeutlichen: die einer spätprotogeometrischen Amphora (Abb. 9b), die eines Mischgefäßes (Abb. 10a) und die einer großen, zweihenkligen Schüssel (Abb. 10b) der Äolisch-Grauen Ware aus dem 10./9. Jh. sowie die eines hohen, einhenkligen Bechers der älteren Gruppe der G 2/3-Ware (Abb. 11a), wobei betont werden muß, daß in den letzten Jahren immer mehr Exemplare dieser Gattungen aus dem 10. bis 8. Jh. ausfindig gemacht werden konnten. Was die Schüssel angeht, so konnte erst vor kurzem nachgewiesen werden, daß diese Gefäßform in Troia VIII verwendet wurde und daß sie in den genannten Zeitraum gehört.

Die These, daß die Griechen sich bereits so früh in Troia ansiedelten, erfährt dadurch eine gewisse Unterstützung, daß durch die Ilias eine größere Zahl von Gewässer- und Ortsnamen in der Troas bezeugt ist, die eindeutig griechisch sind bzw. griechische Wurzeln haben (Abb. 2. 3): So die Flußnamen Euenos (südlich des Ida-Gebirges), Granikos, Heptaporos, Selleis und Pidys (in der östlichen Troas); die Bezeichnung für die nördliche Ägäis unter Einschluß der Dardanellen, Hellespont, die bedeuten könnte ‚das Meer, über das man nach Hellas (= Mittelgriechenland) blickt' (U. Hölscher); die Gebirgs-/Bergnamen Gargaron, Plakos (in der südöstlichen Troas) und Kallikolone (etwas östlich von Troia) und die Ortsnamen Pityeia (in der nordöstlichen Troas) sowie Ilios/Ilion selbst, bei dem es sich um einen Namen handelt, der häufig auf dem griechischen Festland bezeugt ist. Da Homer alle diese Namen als ihm völlig geläufige verwendet, müssen sie schon seit längerem an der Landschaft haften und dem Kulturkreis bekannt gewesen sein. Auch der Umstand, daß Homer den Kult der Athena in Ilion und den des Zeus auf dem Gargaron kennt, weist in dieselbe Richtung. Darüber hinaus ergeben die durch die Ilias für die Troas belegten Kultstätten des Apollon Smintheus, daß schon einige Zeit vor Homer zwei Gottheiten – der griechische Apollon und der vorgriechische Smintheus – zu einem göttlichen Wesen verschmolzen worden sein müssen. Das alles zeigt, daß die Troas spätestens um 800 wenigstens stellenweise von Griechen bewohnt war.

Im späten 11. und im 10. Jh. dehnte sich Troia über die Grenze der südlichen und südwestlichen Ringmauer aus, wie dem Haus 850 und auch Scherbenfunden zu entnehmen ist. Diese Untersiedlung war allerdings nicht groß. Um 900 wurde das genannte Haus durch einen Kultbezirk ersetzt: Es handelt sich dabei um die schon erwähnten Rundstrukturen. Und im 7. und 6. Jh. wurden nordwestlich von ihnen in z 6/7 Tempel und südöstlich der Rundstrukturen in A 8/9 zwei Heiligtümer erbaut (Abb. 13b. 14 [nicht eingezeichnet]). Die Ausdehnung, die Ilion bis in das 7. Jh. besaß, machte es in den Augen der Zeitgenossen zweifellos zu einer großen Siedlung (auch wenn das dem modernen Betrachter nicht so erscheinen mag – vgl. S. 47).

Zwar hörte um 680 aus unbekannten Gründen die Produktion der G 2/3-Ware auf, aber die der Äolisch-Grauen Ware und der griechischen Tan Ware ging weiter. Außerdem importierte man nun korinthische und attische Keramik, stellte aber auch in großer Zahl Gefäße her, die durch ionische Vorbilder angeregt waren, d.h. durch solche, die aus dem Raum um

Ephesos und Milet kamen (Abb. 1); ja es ist sogar damit zu rechnen, daß in der ersten Hälfte des 6. Jhs. ein aus Milet stammender Töpfer in Ilion arbeitete. Zwar dürfte die Stadt in der zweiten Hälfte des 7. und zu Beginn des 6. Jhs. durch die Anlage mehrerer Küstenstädte – Kolonien anderer griechischer Stadtstaaten –, Gebietsverluste erlitten haben, dennoch kann man keineswegs, wie aus den architektonischen und keramischen Zeugnissen hervorgeht, von einem Niedergang sprechen. Ein solcher wurde wohl auch kaum durch die Eingliederung in das Reich der Lyder um 560/550 und bald danach ins persische Reich um 540 hervorgerufen, sondern frühestens durch die Einnahme der griechischen Städte der Troas durch die Perser bei der Niederwerfung des sogenannten Ionischen Aufstandes (494); damals versuchten die griechischen Städte Westkleinasiens sich von der persischen Oberhoheit zu befreien. Vor allem aber wurde Ilion durch den Besuch des persischen Großkönigs Xerxes hart getroffen (480). Das Ereignis war mit dem Aufenthalt des gewaltigen persischen Heeres verbunden, was Stadt und Landschaft stark in Mitleidenschaft zog. Diese Deutung wird durch den keramischen Befund bestätigt, dem abzulesen ist, daß viel weniger Keramik für das 5. Jh. nachweisbar ist als für die vorangegangene Zeit. Aus all diesen Gründen wird man die vor 400 durch Steinraub entstandenen Beschädigungen der Befestigungsmauer von Ilion nicht in das 7. oder 6., sondern in das 5. Jh. verweisen. Die Nachricht aber, Troia habe die Steine seiner Befestigungsmauer für den um 600 durchgeführten Bau der Ringmauer der Stadt Sigeion (Abb. 2. 3) geliefert, ist unhistorisch (vgl. Strabo 13, 1, 38. 39). Die Mauer von Ilion wurde erst gegen 400 wieder repariert (Abb. 8) und außerdem mit halbrunden Bastionen (K 4, JK 7, A 7) und einem vor der Nordostbastion gelegenen, überdeckten Brunnen (Bh) samt einer dazu führenden Treppenanlage und sie seitlich begrenzender, mächtiger Mauern in JK 3 versehen (Abb. 13 b. 6; die Bastion in JK 7 ist nur schwach erkennbar).

Dies macht folgendes klar: Bis ins frühe 5. Jh. hatte die in der Phase ‚Troia VI Spät‘ errichtete und in Troia VII b 1 erneuerte Ringmauer auch den folgenden Städten, Troia VII b und VIII, als Bollwerk gedient, wobei der Lehmziegeloberbau samt Wehrgang immer wieder erneuert worden sein dürfte. Offenbar wurde die alte Mauer von den Bewohnern der Stadt über Jahrhunderte hin für ausreichend und funktionsfähig gehalten. Das geht aber auch schon daraus hervor, daß die Mauer nur an einigen Stellen renoviert, Bastionen nur in Mauerecken und außerdem keine Türme angebracht wurden. Auf das gleiche Ergebnis weist der Umstand, daß die Nord-mauer (Abb. 4) erst unter dem Kaiser Augustus, bald nach 20, abgetragen wurde und im Südwesten vor der Mauer seit dem 9. Jh. Kultbezirke angelegt wurden. Troia VIII blieb also seit seiner ‚Gründung' im späten 11. Jh. von der weitgehend intakten spätbronzezeitlichen Ringmauer umgeben. Sie muß jedenfalls den Griechen des 10. bis 7. Jhs. nach allem, was wir wissen, als außerordentlich altertümlich und gewaltig erschie-nen sein, denn etwas Vergleichbares, das von ihnen gebaut war, kannten sie nicht. Selbst die durchaus eindrucksvolle, um 750 errichtete Befestigungsmauer von Alt-Smyrna (Abb. 1) konnte der Mauer von Ilion nicht gleichkommen.

Die Lebensgrundlage der Bewohner von Troia VIII bilde-ten wohl Ackerbau, Viehzucht, Fischfang sowie Handel (in begrenztem Umfang). Außerdem wurde Pferdezucht betrie-ben. Holz bezog man auch weiterhin vom Ida-Gebirge.

Seit 449 könnte Ilion der Seemacht Athen unterstanden ha-ben; im späten 5. Jh. gehörte es zu einem von Persien abhän-gigen dardanischen Fürstentum, seit 399 aber zu Sparta, das nach Athens Niederlage im Peloponnesischen Krieg dessen Führungsrolle übernommen hatte; und 387 fiel Troia wieder an Persien.

Obwohl die Ringmauer um 400 repariert wurde und eine Garnison nach Ilion verlegt wurde, war es für damalige Ver-hältnisse eine dorfartige Stadt. Ihr Mittelpunkt mit dem Hei-ligtum der Athena, dessen Tempel der Vorgänger des im 3. Jh. erbauten gewesen war, blieb anscheinend bescheiden. Aller-dings läßt sich diese Aussage nur auf die schriftliche Über-lieferung gründen, denn wie im Falle der spätbronzezeitlichen

Schichten sind die Bauwerke im Zentrum von Troia VIII infolge der in der Phase Troia IX im späten 4. und im 3. Jh. durchgeführten Baumaßnahmen weitgehend verschwunden. Aber der Kult der Athena war schon seit langem durch ein spezielles und ausgesprochen brutales Ritual berühmt: Die Rinder, die der Athena geopfert werden sollten, wurden an einem Pfeiler oder Baum hochgezogen, und den herabhängenden Tieren wurde in der Luft die Kehle durchgeschnitten, so daß das Blut in hohem Bogen weit nach vorn spritzte. Dieser Ritus wurde nachweislich noch wenigstens zu Beginn des 3. Jhs. n. Chr. vollzogen. Der Göttin galt aber noch ein anderer barbarischer Brauch: Da der Sage zufolge der sogenannte Kleine Aias, der König der Ostlokrer, die am Kultbild der Athena schutzsuchende Kassandra – die Tochter des Königs Priamos – bei der Eroberung Troias vom Kultbild weggerissen und damit eine schwere Freveltat begangen haben soll, wurde, nachdem er auf der Rückfahrt der Griechen im Meer ertrunken war, das westlich der Insel Euböa gelegene Ostlokris (Abb. 1) von einer Hungersnot heimgesucht. Um den Frevel des Aias zu sühnen und dadurch die Hungersnot zu beenden, legte das Orakel von Delphi den Ostlokrern für den Zeitraum von 1000 Jahren die Pflicht auf, zwei Mädchen adliger Herkunft nach Ilion zu senden. Bei ihrer Ankunft an der troischen Küste versuchten die Ilier, sie zu töten. Wenn es den Mädchen gelang, unversehrt in das Heiligtum der Athena zu gelangen – die meisten hatten dabei Erfolg –, mußten sie als Tempelsklavinnen Dienst tun. Für ein Mädchen, das auf dem Weg zum Heiligtum oder als Tempelsklavin starb, hatten die Ostlokrer Ersatz zu stellen. Dieser Brauch, der berühmte ‚Lokrische Mädchentribut‘, der wohl erst zwischen 750 und 700 eingerichtet worden war, wurde im Laufe der Zeit humanisiert; er scheint aber – von einer kurzen Unterbrechung abgesehen – tatsächlich bis ins 1. Jh. n. Chr. praktiziert worden zu sein. Man sieht an diesem Beispiel sehr schön, wie wirkungsmächtig Mythen sein können; sie haben Menschen der Antike und moderne Forscher gleichermaßen beeindruckt.

Troia IX

334 begann der Krieg Alexanders des Großen gegen Persien. Der König, der sich väterlicherseits auf den Halbgott Herakles und mütterlicherseits auf Achilleus zurückführte und in seinem Tun beiden nacheiferte, besuchte Ilion und die angeblichen Gräber der im Troianischen Krieg gefallenen griechischen Helden (Abb. 3). Am Grab des Achilleus vollzog Alexander kriegerische und religiöse Rituale, wodurch er zum Ausdruck brachte, daß er sich als neuer Achilleus und den Feldzug gegen Persien als neuen ‚Troianischen Krieg' verstand – unter dem Schutz der Göttin Athena stehender Rachefeldzug als Ausgleich für den Angriff des Xerxes auf Griechenland 480/79. In Ilion wurde ihm das gezeigt, was man in der Stadt als Zeugnisse aus heroischer Zeit ansah. Er versprach, anstelle des dorfartigen Ortes eine große Stadt zu gründen, das kleine Heiligtum der Athena durch einen prächtigen Neubau zu ersetzen und das bisher der Göttin geltende Fest, die *Ilieia*, umfassend auszugestalten. Damit sollten der Sieg im neuen Troianischen Krieg, die Inbesitznahme Asiens durch die makedonisch-griechische Staatenwelt, die erfolgreiche Rache für den Xerxes-Krieg sowie die Erneuerung von Freiheit und griechischem Leben in Westkleinasien zum Ausdruck gebracht werden. Die vielen anderen Ziele, die Alexander bald darauf verfolgte, und sein früher Tod (323) verhinderten jedoch die Umsetzung dieser Absichten.

Immerhin kam es aber im letzten Jahrzehnt des 4. Jhs. zur Gründung eines Bundes, an dem sich besonders Städte aus der Landschaft Troas beteiligten und dessen kultischer Mittelpunkt das Heiligtum der Athena von Ilion war; dies ging einher mit Baumaßnahmen und einer Reorganisation der Festlichkeiten zu Ehren Athenas. Dann setzte einer der Nachfolger Alexanders, Lysimachos, seit 305 König von Thrakien und seit 301 auch Herrscher von Westkleinasien, diese Aktivitäten fort und trug damit maßgeblich zur Realisierung der Pläne seines Vorgängers bei. Unter ihm wurde aus dem kleinen Ilion eine mittelgroße Stadt, deren Plan nach dem mittlerweile üblichen Schachbrettmuster entworfen war; auch begann man auf dem Burgberg, über den Ruinen der Bronzezeit und von Troia VIII, mit dem Neubau von Tempel und Altar. Vermutlich beabsichtigte Lysimachos auch die Errichtung von das Heiligtum umgebenden Säulenhallen, die Einbeziehung des nordöstlichen Teiles der alten Befestigungsmauer und der Nordostbastion in den heiligen Bezirk sowie die Erbauung einer das neue Stadtgebiet sichernden Mauer. Allerdings wurden diese Pläne erst nach seinem Tod (281), und zwar im 3. Viertel des 3. Jhs., verwirklicht. Auch der Tempel ist vielleicht erst zu jener Zeit vollendet worden.

Wie damals das Zentrum von Ilion aussah, läßt sich zwar nicht vollständig, aber doch in mancherlei Hinsicht beschreiben (Abb. 12a. 13a. b). Der östliche Teil der bisherigen Stadt wurde von der ‚Akropolis‘, d.h. dem Heiligtum der Athena eingenommen. Dafür waren umfangreiche Planierungsarbeiten vorgenommen worden, durch die ein großer Teil des Zentrums der Schichten VIII–VI abgetragen wurde (FG 3–7, Bereiche von HJ 3/4), d.h. die Reste der Palast- und Kultbezirke dieser Siedlungen verschwanden. In GH 3/4 wurde ein im Fundament ca. 36 Meter langer und 16 Meter breiter dorischer Tempel aus Marmor (IX P) mit jeweils 6 Säulen an den Schmal- und jeweils 12 an den Langseiten errichtet, dessen Kalksteinfundamente bis in die Schicht II hinabreichten. Er war einer der ganz wenigen dorischen Tempel Kleinasiens. Über dem Gebälk der östlichen Schmalseite waren Reliefdarstellungen mit dem Kampf der Götter gegen die Giganten, also gefährliche Riesen, und vermutlich über dem der westlichen Schmalseite solche mit dem Kampf der Griechen gegen die Troianer angebracht – beides symbolisierte den Sieg der griechischen Kultur über barbarische Mächte. Material, Säulenordnung und Thematik der Darstellungen stellten den Tempel von Ilion in die Nachfolge des berühmten Parthenon auf der Akropolis von Athen. Im Tempel stand das aus seinem Vorgängerbau übernommene, unterlebensgroße, sehr altertümlich aussehende Kultbild der Athena aus Holz, von dem man annahm, es stamme noch aus der Zeit vor dem Troianischen Krieg.

Östlich vor dem Bau lagen der Brunnen Ba mit von Norden kommendem, unterirdischem Zugang und der große Altar IX Z. Der mit Marmorplatten gepflasterte Tempelplatz war im Osten, Süden und Westen von marmornen Säulenhallen dorischer Ordnung gesäumt, in der Mitte der Südhalle lag ein Torbau (G7). Im Norden (F–J3) schloß die aus der späten Bronzezeit stammende und sicherlich stellenweise renovierte Befestigungsmauer den Platz ab (Abb. 4), wobei die Reparaturen in der Technik der alten Mauer angeglichen gewesen sein könnten. Oben schloß sie eventuell mit Polsterquadern ab. Diese Mauer war kaum sehr hoch, sie wurde wohl deutlich vom Tempel überragt. An die Nordostbastion waren seitlich zwei bastionartige Fundamente aus Kalkstein angebaut worden, ein kleines und sehr hoch gegründetes in J 3 (nördlich von IX O) und ein gewaltiges, sehr tief gegründetes (IX N) in KL 3/4 (Abb. 6. 13b); beide dürften oben jeweils von einer Mauer aus Polsterquadern bekrönt gewesen sein. Der untere Teil des Fundamentes IX N wurde mit Erde bedeckt, so daß die oberen, gut bearbeiteten Steinschichten und der obere Teil der Hauptecke der spätbronzezeitlichen Nordostbastion samt der griechischen Treppenanlage und der sie seitlich begrenzenden Mauer zu sehen waren. Nicht nur die Ecke der Nordostbastion, sondern auch der griechische Anbau wurden also auf diese Weise regelrecht präsentiert (Abb. 6. 13b); beide Teile dürften daher – wie auch die Nordmauer in F–J 3 – als Reste der Ringmauer der heroischen Vergangenheit gegolten haben, auf die auch die Bewohner der neuen Stadt stolz waren – stellte sie doch aller Welt vor Augen, auf welch geschichtsmächtigem Grund man hier lebte. Daß es sich nicht um Geschichte, sondern um Dichtung handelte, auf die man stolz war, war den ‚Neutroianern‘ nicht bewußt.

Der westliche Abschnitt der alten Nordmauer und die alte Westmauer (Abb. 4. 13b [besonders das Stück RM in AB 4]) wurden außen mit Polsterquadern verkleidet, so daß auch der Teil der Stadt westlich des Heiligtums verteidigungsfähig war, aber auch den ästhetischen Bedürfnissen der Zeit genügen konnte. Der äußerste Teil der alten Südwestmauer wurde bis nach A 5 abgetragen. In zA 5 überschnitt die neue Stadtmauer die untersten Steinlagen der alten Mauer, um sich dann in der Westmauer fortzusetzen. Der in A 6/7 folgende Abschnitt der alten Südwestmauer war anscheinend in seinem teilweise zerstörten Zustand erhalten geblieben (Abb. 12. 15).

Im Südosten vor dem Heiligtum lagen in J 8 das Rathaus, von dem nur eine mächtige Mauerecke erhalten ist (Abb. 13 b), und davor die Agora, der Marktplatz (Abb. 12 a). An die Zunge des zur östlichen Säulenhalle gehörenden Raumes IX M schloß in L 4 ein Tor der neuen Stadtmauer an (Abb. 13 b. 15). Diese Mauer umgab in einer Länge von ca. 3,3 Kilometern die Unterstadt. Ihr sichtbarer Teil stand außen auf Polsterquadern. Wie hoch er über den Boden emporragte, ist unklar. In jedem Fall war er oben von einem Wehrgang, vielleicht aus Stein, gesichert. Außerhalb der Mauer lag nordöstlich des Heiligtums in einiger Entfernung am Abhang das Theater der Stadt, das sogenannte Theater A (Abb. 15). Es spielte bei den Festlichkeiten für Athena – wie in Athen *Panathenäen* genannt – eine große Rolle. Dieses Fest, dessen Höhepunkt eine Prozession und das oben geschilderte Opfer bildeten, umfaßte auch sportliche und künstlerische Wettkämpfe sowie einen Jahrmarkt. Es war eine große Attraktion, so daß die Teilnehmer von weither kamen.

Von 275 bis 228 gehörte Ilion zum Reich der Seleukiden, das von einem anderen Nachfolger Alexanders, Seleukos, begründet worden war und sich nun von Indien bis teilweise zur Ägäis erstreckte. Zwischen 228 und 197 war die Stadt formal unabhängig, stand aber in engen Beziehungen zum Reich von Pergamon; von 197 bis 190 war sie wieder seleukidisch. 190 überschritten römische Truppen die Dardanellen; ihre Feldherrn besuchten Ilion, opferten der Athena und nahmen die Stadt in die römische Schutzherrschaft auf. Dabei feierten Ilier und Römer ihre gemeinsame Abkunft, denn der Sage nach war Aineias – ein großer troianischer Held in Homers Ilias – unter vielen Umwegen und Abenteuern nach Italien gelangt und zum Ahnherrn der Römer geworden; diese Geschichte erzählt der Dichter Vergil in der Aeneis.

Abb. 12a: Troia VIII. Rekonstruktionszeichnung (Stand 1997) der Akropolis und ihrer Umgebung in hellenistischer Zeit (3. bis frühes 1. Jh). Das pflanzenbestandene, etwa dreieckige Areal vor der Akropolis ist ganz hypothetisch. Hier wird man am ehesten die Agora zu ergänzen haben.

Abb. 12 b: Troia IX. Rekonstruktionszeichnung der Akropolis und ihrer Umgebung in der römischen Kaiserzeit (Stand 1997). – Beide Zeichnungen von Ch. Haußner, München. Aus: M. Korfmann-D. Mannsperger, Troia. Ein historischer Überblick und Rundgang (1998) S. 52, Abb. 77. S. 37, Abb. 58.

Zwischen 188 und 133 gehörte Ilion zum pergamenischen Reich. Damals scheinen die Heiligtümer im Südwesten vor der alten Ringmauer (zA 8/9) ausgestaltet worden zu sein (Abb. 13 b; nicht eingezeichnet. 12 a). Als Pergamon 133 an Rom fiel, wurde auch Ilion Teil der römischen Provinz Asia. Bald danach wurde es in die Wirren der römischen Bürgerkriege gezogen, so daß es sogar 85 von dem römischen Kommandeur Fimbria erobert wurde. Die darauf folgende Zerstörung war nicht so groß, wie die antiken Schriftquellen glauben machen wollen, und auch der Athena-Tempel wurde nur beschädigt. Die Säulenhallen scheinen dagegen viel stärker gelitten zu haben. In diesem Ereignis haben manche Archäologen das Ende der Siedlung Troia VIII und den Beginn von Troia IX erkennen wollen. Dabei haben sie aber die entscheidende

Zäsur, die der Besuch Alexanders und die dadurch bewirkten Veränderungen am Ende des 4. Jhs. und im 3. Jh. mit sich brachten, verkannt.

48 v. Chr. besuchte Caesar, der sein Geschlecht, das iulische, auf den troianischen Helden Aineias zurückführte, Ilion und gelobte, hier ein *römisches* Troia zu errichten. Jedoch kam er infolge seiner Ermordung (44) nicht mehr dazu und mußte dies seinem Adoptivsohn und späteren Kaiser Augustus überlassen, der Ilion 20 besuchte und den Wiederaufbau der Stadt veranlaßte (Abb. 12 b). Das Heiligtum der Athena wurde renoviert; eine Inschrift auf dem Ostgebälk und der Giebelschmuck des Tempels verwiesen unübersehbar auf den Initiator. Die die Nordseite des Heiligtums begrenzende spätbronzezeitliche Mauer (Abb. 4) wurde fast vollständig abgetragen und durch eine neue, IX W, ersetzt, die nur in FG 3 in wenigen Resten erhalten ist (Abb. 12 b. 13b); die im 3. Jh. vorgenommene Ausgestaltung der Nordostbastion wurde aber offenbar beibehalten (Abb. 6. 12 a. b). An die Stelle des alten Rathauses trat ein neues, das sogenannte Theater B in HJ 8/9 (Abb. 12 b. 13 b). Das Gebäude, in dem der die Stadt verwaltende Ausschuß des Rates tagte, das Prytaneion, scheint dagegen wenigstens zum Teil aus Mauern bestanden zu haben, die als aus der heroischen Zeit stammend galten – eben jener des legendären Troianischen Krieges; es wurde bei den Ausgrabungen allerdings nicht wieder entdeckt. Das Theater A wurde wieder instandgesetzt (Abb. 15) und die Heiligtümer im Südwesten mit einer Schautreppe versehen, auf der oben eine Säulenhalle stand (12 b. Abb. 13 b; nicht eingezeichnet). Die Reste der alten Südwestmauer wurden dadurch völlig verdeckt. In EF 9/10 kam noch das Theater C hinzu, ein Bau für Musikveranstaltungen (Abb. 12 b. 13 b). Der Grundriß der römischen Stadt richtete sich zwar auch nach dem Schachbrettmuster, die Straßen waren aber jetzt etwas anders orientiert, als es bei der im 3. Jh. angelegten Stadt der Fall gewesen war (Abb. 15). Offenbar wurde bei den römischen Baumaßnahmen in viel größerem Umfang in die Substanz von Bauten der angeblich heroischen Zeit eingegriffen als im 3. Jh.

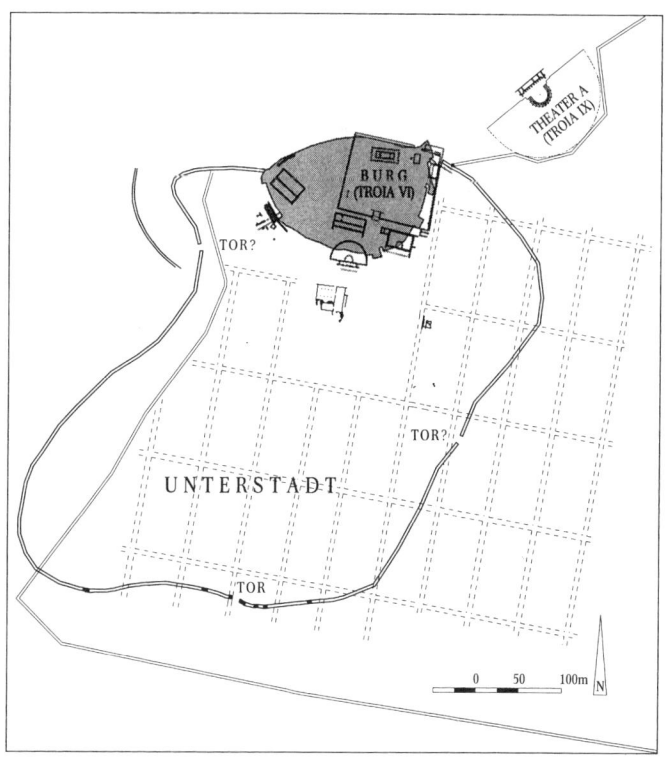

Abb. 15: Plan von Burg und Unterstadt von Troia VI, von Athena-Heiligtum, Theater (A), Unterstadt und Stadtmauer von Troia IX in der römischen Kaiserzeit. Das Areal der Burg von Troia VI ist grau gefüllt, die durchgezogene, mehrfach aus- bzw. einschwingende Doppellinie gibt den vermuteten Verlauf des sogenannten (1.) Verteidigungsgrabens dieser Phase, die schwarz gefärbten Stellen die durch Grabung nachgewiesenen Abschnitte, an. Die unterbrochenen Doppellinien markieren das römische Straßensystem. Das Heiligtum ist die quadratische Anlage in der rechten Hälfte der Burg von Troia VI, die vier Gebäude südlich davon sind ebenso wie der westlich des Heiligtums eingezeichnete Rechteckbau in der römischen Kaiserzeit entstanden. Die gerade gezogene und im Südwesten eckig umbrechende Doppellinie bezeichnet den Verlauf der im 3. Jh. erbauten und in der Kaiserzeit wohl weiter verwendeten Stadtmauer. Stand 1995. – Aus: B. Brandau, Troia. Eine Stadt und ihr Mythos. Die neuesten Entdeckungen (Gustav Lübbe Verlag, 1997) Abb. S. 229. © Elizabeth Riorden, Cincinnati.

Bis weit in das 4. Jh. n. Chr. galt Ilion als Schauplatz höchst sagenumwobener Geschehnisse des Altertums, als Stadt mit den berühmtesten Relikten der heroischen Vergangenheit und als Standort traditionsreicher heidnischer Kulte. Erst die antiheidnische Gesetzgebung des christlich-römischen Kaisers Theodosios I. setzte dieser seiner Aura ein Ende (391/92 n. Chr.); die frühen Christen mochten weder die mythischen Helden noch ihre Götter und gingen dementsprechend wenig tolerant mit dem kulturellen Erbe ihrer Vorfahren um. Ein Erdbeben im 6. Jh. n. Chr. und inzwischen einsetzender Steinraub, um woanders Häuser mit dem bequem verfügbaren Material zu bauen, machten große Teile der antiken Stadt zunehmend zur Ruine. Immerhin blieb die Stadt bis wenigstens um 900 Bischofssitz, wie wir aus byzantinischen Listen wissen. Auch zeigt die in Ilion gefundene byzantinische Keramik, daß es stellenweise bis ins 13. Jh. bewohnt war. Dann erst verödete das ruhmreiche Troia.

V. Das Problem von Geschichte und Mythos
in der Sage vom Troianischen Krieg

Der Mythos

Die Überlieferung vom ‚Troianischen Krieg' umfaßt folgendes: Die mächtige Stadt Troia, die die Troas beherrschte und viele Völker in Westkleinasien und Thrakien/Makedonien (Abb. 1. 2) zu ihren Verbündeten zählte, war von einer von den Göttern erbauten, gewaltigen Befestigungsmauer umgürtet. Troia wurde von dem greisen König Priamos regiert. Er besaß viele, meist erwachsene Söhne, unter denen Hektor der älteste und Alexandros-Paris – im folgenden nur Paris genannt – der zweitälteste war. Hektor war der Thronfolger, außerdem der Oberbefehlshaber des troianischen Heeres und der größte Held Troias. Paris galt einerseits als schöner Mann, Frauenheld und Feigling, andererseits konnte er auch die Tugenden eines Truppenführers und eines Kriegers zeigen, wie aus der Leitung einer Flottenexpedition, seiner in der Ilias mehrfach gerühmten Kämpferrolle und der Fähigkeit zum Raub hervorgeht. Man muß sich dabei klar machen, daß Raubzüge in den homerischen Epen durchaus etwas Positives waren, sofern nicht die von den Göttern gestiftete Ordnung, so z. B. das Gast- und Eherecht, verletzt und damit ein Frevel begangen wurde. Allerdings galt auch, daß auch der ‚ehrenhafte' Raub zu berechtigten kriegerischen Gegenaktionen führte. Im Gegensatz zu Hektor, der mit Lanze und Schwert kämpfte, war Paris ein treffsicherer Bogenschütze.

Als Paris einst als Jüngling auf dem Ida-Gebirge (Abb. 2) die Schafe seines Vaters hütete, erschienen ihm die Göttinnen Hera, Athena und Aphrodite und verlangten von ihm, er solle entscheiden, welche von ihnen die schönste sei, wobei ihm jede ein attraktives Versprechen für den Fall gab, daß seine Wahl auf sie falle. Aphrodite verhieß ihm die schönste Frau der Welt, was Paris veranlaßte, ihr einen Apfel als Zeichen ihres Sieges zu reichen. Hera und Athena waren aufgrund dessen zutiefst gekränkt und beschlossen, nicht nur den Prinzen, sondern auch seine Heimatstadt zu verderben.

Bei einer Flottenexpedition nach Griechenland, die Paris kurz danach im Auftrag seines Vaters unternahm, kam er nach Sparta (Abb. 1), wo er von Helena, der Frau des gerade abwesenden Königs Menelaos, gastfreundlich aufgenommen wurde. Helena war die schönste Frau der Welt. Schon als junges Mädchen war sie deshalb geraubt worden, und zwar von dem athenischen Helden Theseus; ihre beiden Brüder, Kastor und Polydeukes, hatten sie allerdings wieder nach Sparta zurückgebracht. Bald darauf hatten sich fast alle noch nicht verheirateten griechischen Fürsten – Achilleus ausgenommen – um ihre Hand beworben. Achilleus war der Sohn des Peleus und sollte bald König von Phthia und Hellas, d. h. etwa des Gebietes zwischen Pharsalos und Anthela, eines Teilgebietes von Mittelgriechenland, werden (Abb. 1). Der Vater der Helena, Tyndareos, der König von Sparta, hatte die Freier seiner Tochter schwören lassen, denjenigen, dem er Helena zur Frau geben werde, mit Waffengewalt zu unterstützen, falls ihm diese geraubt würde. Als Paris und Helena sich nun kennengelernt hatten, verliebten sie sich ineinander und verließen dann fluchtartig gemeinsam die Stadt, nicht ohne die Schätze des Menelaos mit sich zu nehmen. Das aber war ein eklatanter Bruch von Gast- und Eherecht. Nach seiner Rückkehr wandte sich der in seiner Ehre getroffene und beraubte Menelaos hilfesuchend an seinen Bruder Agamemnon, den Herrscher über Mykene (Abb. 1) und mächtigsten der griechischen Könige. Dieser stellte, die Fürsten an ihren dem Tyndareos geleisteten Eid erinnernd, ein Heer aus allen griechischen Königreichen zusammen; es stand unter seinem Oberkommando, wobei die einzelnen Kontingente von den jeweiligen Herrschern geführt wurden. Es konnte sogar der König für den Feldzug gewonnen werden, der sich nicht um Helena beworben hatten, d. h. Achilleus. Der stärkste Krieger unter den griechischen Königen aber war Achilleus, dem schon vor langer Zeit geweissagt worden war, er werde in der Blüte seiner Jugend durch einen Gott den Heldentod sterben, sofern er sich für ein Leben als Krieger entscheide. Achilleus' bevorzugte Waffe war eine aus einer Esche des Pelion-Gebirges auf der Halbinsel Magnesia gefertigte Lanze, die so schwer war, daß nur er (und sein Vater) sie schwingen konnte. Ein weiterer griechischer König war Philoktet – der Herrscher über die gerade erwähnte Halbinsel; er besaß den Bogen und die vergifteten und deshalb schon bei der geringsten Verwundung tödlichen Pfeile des Herakles, des berühmtesten aller griechischen Helden – eine Art Wunderwaffe, mit der Philoktet bestens umzugehen wußte. Andere große Krieger waren der sogenannte Große Aias, der König von Salamis, der sogenannte Kleine Aias, der König der Ostlokrer, Diomedes, der König von Argos und sein Freund Sthenelos, Idomeneus, der König von Kreta, Tlepolemos, der König von Rhodos, Protesilaos, der König von Südostthessalien, und Odysseus, der König von Ithaka (Abb. 1). Odysseus galt zwar auch als tapferer Mann, war aber vor allem durch seinen Listenreichtum berühmt. Zu den Teilnehmern am Kriegszug gehörte auch der uralte, aber noch rüstige Herrscher von Pylos – dem späteren Messenien (Abb. 1) – Nestor, der seinen Ruhm besonders seiner Weisheit verdankte.

Nachdem Paris und Helena Troia erreicht und die Troianer ein Friedensangebot der Griechen zurückgewiesen hatten, wodurch sie dokumentierten, daß sie das frevelhafte Verhalten des Paris billigten, landete das griechische Heer, überzeugt davon, einen gerechten Krieg zu führen, an der Nordküste der Troas, den *Dardanellen* (Abb. 2. 3). Die Troianer und ihre Bundesgenossen versuchten, das zu verhindern, was ihnen aber nicht gelang. Allerdings fiel bei dem Landemanöver derjenige griechische König, der zuerst troianischen Boden betreten hatte, nämlich Protesilaos. Die Troianer aber zogen sich in ihre Stadt zurück. Neun Jahre lang widerstanden sie allen griechischen Angriffen, weil die Mauer Troias so gewaltig war und Hektor die Stadt mit großer Tapferkeit verteidigte. Selbst ein Achilleus war nicht in der Lage, Troia im Sturm zu nehmen. Im zehnten Kriegsjahr kam es zu dem, was Homer in der Ilias erzählt und was schon in Kapitel I dieses Buches zusammengefaßt wurde, nämlich zum ‚Zorn des Achilleus' und seinen Folgen. Zu den damit im Zusammenhang stehenden Ereignissen gehörte ein erneuter Frevel der Troianer, nämlich der Bruch eines mit den Griechen getroffenen Übereinkommens: Paris und Menelaos wurden dazu bestimmt, einen Zweikampf um Helena und die Schätze auszutragen, wobei dem Sieger beide gehören sollten; damit hätte auch der Krieg ein Ende gefunden. Menelaos siegte, und Paris konnte nur auf wunderbare Weise durch seine Schutzgöttin Aphrodite vor dem Tode gerettet werden. Obwohl Menelaos' Triumph außer Zweifel stand, hielten sich die Troianer nicht an die zuvor getroffene Abmachung und griffen die Griechen an.

Schon bald nach der Bestattung von Achilleus' tapferem Freund Patroklos und des aus Rache dafür von Achilleus im Kampf getöteten Hektor wurde Achilleus selbst bei seinem Sturmangriff auf Troia von Paris und dem Gott Apollon durch einen Pfeilschuß in die Ferse getötet, wodurch der oben erwähnte Orakelspruch in Erfüllung ging. Trotz dieses schweren Verlustes unternahmen die Griechen weitere Angriffe auf Troia, die aber stets erfolglos blieben.

Einem Orakel zufolge mußte erst Paris getötet werden, ehe die Stadt fallen konnte. Da Troia der Weissagung nach nur durch den Bogen und die Pfeile des Herakles zu erobern war, holten die Griechen Philoktet, den sie auf der Fahrt nach Troia wegen einer angeblich unheilbaren und einen entsetzlichen Gestank verbreitenden Wunde auf der Insel Lemnos (Abb. 1) ausgesetzt hatten, nach Troia. Nachdem jener auf wunderbare Weise geheilt worden war, erschoß er den ihm im Zweikampf mutig entgegentretenden Paris mit einem der vergifteten Pfeile des Herakles. Schließlich konnte Troia durch eine Kriegslist, welche die den Untergang Troias betreibende Göttin Athena dem Odysseus eingegeben hatte, eingenommen werden: Das griechische Heer verließ, sich entmutigt gebend und ein großes Pferd aus Holz zurücklassend, das zuvor zerstörte Schiffslager an den *Dardanellen*. In dem hölzernen Pferd aber befanden sich, unter der Führung des Odysseus stehend, die tapfersten noch verbliebenen griechischen Helden. In Unkenntnis dieses Sachverhaltes und im Glauben, das Pferd sei ein Weihgeschenk für die auch in Troia hoch verehrte Göttin Athena, brachten es die Troianer in die Stadt. Anschließend feierte man unter beträchtlichem Weingenuß den Abzug der Griechen. In der Nacht jedoch entstiegen die Griechenhelden, unbemerkt von den berauschten Troianern, dem Hölzernen Pferd. Sie gaben der griechischen Flotte, die, von Agamemnon und Nestor geführt, nur bis zur nahe gelegenen Insel Tenedos (Abb. 1. 2) gefahren war, ein Feuersignal, das das Heer veranlaßte, eilends ins ehemalige Lager zurückzukehren und auf Troia vorzurücken. Nachdem dem herbeigeeilten Heer die Tore geöffnet worden waren, wüteten die Griechen nun mit Mord und Totschlag, führten Frauen und Kinder in die Sklaverei, plünderten die Stadt und setzten sie schließlich in Brand. Priamos und andere Angehörige des Königshauses wurden erschlagen; Helena und die Schätze kamen wieder in den Besitz des Menelaos. Mit Hilfe Athenas waren also die Frevel des Paris und der Troianer gerächt. Nur das an den Freveln der Troianer unschuldige Mitglied der troianischen Dynastie, Aineias, der Anführer der Dardaner, konnte mit Vater und Sohn entfliehen – und nur der troianische Fürst Antenor, der immer den Frieden mit den Belagerern befürwortet hatte, wurde ebenso wie seine Familie geschont. An den Untergang Troias schloß sich die von Leid und Unglück überschattete Heimfahrt des griechischen Heeres an.

Die fehlende Geschichtlichkeit des Mythos

Häufig wurde in der Forschung angenommen, daß wesentliche Bestandteile der Handlungskonstellation der Sage glaubwürdige historische Überlieferung seien, d.h. wirklich der König von Mykene an der Spitze eines großen Heeres mykenischer Griechen einen Feldzug gegen Troia unternommen und die Stadt nach langem Kampf erobert habe, was im 13. oder 12. Jh. geschehen sein sollte. Bei näherem Hinsehen ergibt sich aber, daß die Sage einen außerordentlich komplizierten und facettenreichen Entwicklungsprozeß durchlaufen und allenfalls einen äußerst kleinen ‚historischen Kern' hat. So zeigt sich, daß die Ilias in Form und Inhalt weitgehend von Homer, jenem bedeutenden Dichter des 8. Jhs. geprägt ist; das läßt sich aus dem – trotz ihrer vielen Unstimmigkeiten kunstvollen – Aufbau und ihrem strukturierenden Leitgedanken, dem ‚Zorn des Achilleus‘ und seinen Folgen, erschließen. Auch hat der Dichter – oder vielleicht auch schon einer seiner Vorgänger – den Personenbestand der ihm bekannten Tradition durch die Aufnahme von Helden wie Hektor, Aineias und Antenor, Glaukos und Sarpedon auf troianischer und von Diomedes und Sthenelos, Patroklos und Antilochos, Idomeneus und Tlepolemos auf griechischer Seite erweitert. Hier sei zur Verdeutlichung des Gesagten nur kurz zu Hektor angemerkt: Jener ist eine so sehr vom Denken des 8. Jhs. geprägte Gestalt – der selbstlose und immer kampfbereite Verteidiger seiner Vaterstadt –, daß er nicht ‚alt‘ sein, nicht mykenischer Zeit entstammen kann.

Bestimmte Helden bzw. Kämpferpaare kommen außerdem aus ganz anderen Sagenkreisen, aus solchen, die nichts mit dem Mythos um Troia zu tun haben: So besiegt der kretische König Idomeneus seinen Gegner Phaistos, der so heißt wie die bekannte Stadt auf Kreta, was auf die Aufnahme einer kretischen Lokalsage in den Troia-Stoff hinweist; und der König der Lykier, Sarpedon, tötet seinen Feind, den rhodischen Herrscher Tlepolemos – eine Geschichte, in der sich wohl die Niederlage rhodischer Kolonisten bei der Landnahme in Lykien widerspiegelt und die dem Geschehen um Troia einverleibt wurde. Andere Sagengestalten haben letztlich ihre Wurzeln in Religion und Kult – wie etwa Helena, Menelaos, Agamemnon und Odysseus; jedoch dürften sie schon Homer als wichtige Akteure des Sagengeschehens überliefert worden sein.

Viele die Sage bestimmende Züge gehen auf Elemente weit verbreiteten, volkstümlichen Erzählens – die sogenannten Bausteine der einfachen Geschichte – zurück: Der Raub einer Frau als kriegsauslösender Grund, das Rettungsunternehmen zweier Brüder, das Zusammenrufen von Helfern, schwere Kämpfe um die Geraubte und ihre Schätze, der Tod des besten Freundes, die Rache seines Todes an dessen Verursacher, der Tod eines

Anführers der Angreifer durch einen Anführer der Verteidiger (Achilleus/Paris), dessen Tod durch einen weiteren Anführer der Angreifer (Paris/Philoktet), die siegreiche Wiedergewinnung der Geraubten und des Raubgutes sowie die Heimfahrt mit ihnen. Allerdings kommt hier beim Zweikampf zwischen Paris und Philoktet dem Wunderbogen Philoktets eine besondere Bedeutung zu. Auch die dichterischen Versatzstücke, als erster fallen zu müssen (Protesilaos) und vom Schicksal dazu bestimmt zu sein, in der Blüte des Lebens als großer Held dahinzusinken (Achilleus), gehören zu den charakteristischen Zügen volkstümlichen Erzählens; dabei wohnt dem zuletzt erwähnten Motiv ein religiöses Element inne, insofern ein Gott zum Verursacher des Todes wird. Und schließlich steht hinter der Geschichte vom Hölzernen Pferd ein altes ‚Wandermotiv‘, nämlich das ‚Einschmuggelungsmotiv‘, das aus der ägyptischen Kultur zu stammen scheint: Die Stadt Joppe, das heutige Jaffa bei Tel Aviv im modernen Israel, wurde im 15. Jh. vom ägyptischen Heer erfolglos belagert. Deshalb griff der ägyptische Feldherr Thuti zu einer List: Er ließ eine Vielzahl großer Säcke in die Stadt bringen, in denen ägyptische Elitekrieger verborgen waren. In Joppe entstiegen die Krieger den Säcken und eroberten die Stadt (wie das im einzelnen vor sich ging, ist dem fragmentarischen Text leider nicht zu entnehmen). In der griechischen Version ist an die Stelle der Säcke das Pferd aus Holz getreten, was sich gut erklären läßt: Da es Athena war, die auf die Eroberung Troias hingewirkt hatte, ihr das Pferd heilig war und vielleicht im griechischen Troia ein hölzernes Pferd als Weihgeschenk vor ihrem Tempel stand, übernahm dieses die Rolle der Säcke, wobei die eher lebensgroße Gestalt der Weihegabe im Mythos ins Überlebensgroße gesteigert wurde, so die Theorie von C. Robert.

Das Einschmuggelungsmotiv kann schon seit alter Zeit in der Troia-Sage verwendet worden sein, die Einführung des konkreten Motivs vom Hölzernen Pferd ist dagegen wohl erst später, irgendwann zur Zeit Homers, zum konstitutiven Element der Erzählung von der Eroberung der Stadt geworden.

Um die Entstehung des troianischen Sagenkreises richtig zu

verstehen, muß man sich auch klar machen, daß von dem Zeitpunkt an, als das Raubmotiv in Verbindung mit den Vorstellungen ‚Bruch des Gastrechts' und ‚Helena als Ehefrau eines Königs' in den Erzählstoff um Troia gelangte, der Mythos eine betont moralisierende und antitroianische Tendenz erhielt, mit deren Hilfe die Troianer als frevelhaft, die Griechen aber als ehrenhaft vorgestellt wurden. Und diese Tendenz verstärkte sich noch, denn in der Ilias wird den Troianern, wie oben erwähnt, ein weiterer Frevel zugeschrieben.

Der Stoffgeschichte nach muß der troianische Hauptheld Hektor ein ‚junger' Held sein und demnach muß er – den Gesetzmäßigkeiten volkstümlich-sagenhaften Erzählens entsprechend – auf der älteren Stufe der Sagenentwicklung eine Vorgängerfigur gehabt haben. Bei dieser handelt es sich allem Anschein nach um Paris, und zwar aus folgenden Gründen: Er ist als *Bogenschütze* ein älterer Kämpfertypus, als Führer der Flottenexpedition nach Griechenland ein Truppenkommandeur, als Räuber einer Frau und ihres Besitzes ein Krieger, weiterhin der eigentliche Verursacher des Krieges, an dessen Tun das Wohl und Wehe Troias hängt. Er ist der Sieger über den gewaltigsten Angreifer, nämlich Achilleus, er fällt tapfer im Zweikampf mit Philoktet, und laut einem Orakel ist sein Tod im Bogenkampf eine entscheidende Voraussetzung für die Einnahme Troias durch die Griechen: Damit ist er der eigentliche Verteidiger seiner Heimatstadt und ein Held. Er trägt einen weiteren Namen, Alexandros – also der ‚Männerabwehrer' – d.h. der, der die Feinde zurückschlägt, was ihn für einen Griechen als großen Krieger kennzeichnete. Und auch wenn er eine vielfach negative Persönlichkeitszeichnung in der Ilias erfährt, so scheint im Charakter des Paris immer wieder der Held durch. Erst als der Raub in der Sagentradition nicht mehr primär auf kriegerische Tugenden, sondern zunehmend auf Qualitäten wie Schönheit und Verführungskunst zurückgeführt wurde, konnte Paris in der Erzählung zum Feigling werden. Ob sich hinter Paris-Alexandros eventuell eine oder auch zwei – wie man dem Doppelnamen entnehmen könnte – wirklich historische Figuren verbergen, ist nicht mehr auszumachen.

War also ursprünglich Paris der troianische Hauptheld, so war dies auf der griechischen Seite zweifellos Achilleus; und nach ihm kam Philoktet, dessen Einsatz ja der Sage nach unabdingbare Voraussetzung des Untergangs von Troia war. Bezeichnend ist auch, daß Achilleus von Paris und Paris von Philoktet getötet werden, nicht aber andere Griechen diese Rollen übernehmen – etwa so bedeutende Helden wie der Große oder der Kleine Aias, Diomedes oder Menelaos. Gerade letzterem hätte es nach den Gestaltungsprinzipien der ‚einfachen Geschichte‘ angestanden, den Räuber zu erschlagen – war er doch der Beraubte und hatte doch er den Kriegszug initiiert.

Darüber hinaus verrät die Figur des Achilleus, daß sie als Sagengestalt älter ist als alle anderen Griechenhelden und selbst als Philoktet. Dies ergibt sich daraus, daß in der Ilias *nur* Achilleus auf dem Zug nach Troia Eroberungen machte, und zwar die Inseln Skyros, Lesbos und Tenedos (Abb. 1); auch war *nur* Achilleus als Eroberer in der Troas aktiv: Er nahm die an ihrem Südrand gelegenen Städte Lyrnessos, Pedasos und Thebe (Abb. 2) sowie insgesamt 23 weitere ein, deren Namen ungenannt bleiben. Auch starb der Sage nach *nur* Achilleus schließlich den Heldentod beim Sturm auf Troia, während der Tod der anderen großen Griechenhelden beim Angriff auf Troia – etwa der seiner Freunde Patroklos und Antilochos – seinem nachgebildet sind. 1992 hatte ich noch formuliert: „Als alte Stufe der Sage schält sich also ein Erzählkomplex heraus, der nur aus Kämpfen des Achilleus in der Troas und um Troia, seinem Tod vor Troia durch Paris, dessen Tod durch Philoktet und der Eroberung der Stadt durch Philoktet bestand." Jetzt müßte ich aufgrund des gerade Festgestellten und des oben gezogenen Schlusses, daß der Zweikampf zwischen Paris und Philoktet auf ein erzählerisches Motiv zurückgeht, präzisieren, daß diese alte Stufe sogar *lediglich* in dem den Achilleus betreffenden Sachverhalt besteht.

Sicherlich ist große Heldenhaftigkeit die Hauptqualität des Achilleus. Aber seine ursprüngliche Gestalt, wie sie nicht nur durch die Ilias, sondern auch die anderen Überlieferungszweige der Sage bezeugt ist, ist nicht einfach nur die eines großen Kriegers, sondern die einer stark von märchenhaft-volkstümlichen, stellenweise auch religiös gefärbten Zügen bestimmten Persönlichkeit, von Eigenschaften, die einem Vorstellungshorizont einer noch verhältnismäßig urtümlichen Kultur entstammen: Er ist der Sohn eines Jägers und – nach der Ilias – Königs (Peleus) und eines Meermädchens bzw. einer Meergöttin (Thetis) und wäre von seiner Mutter, die das Baby über das Feuer hält, fast völlig unverwundbar gemacht worden, wenn nicht sein Vater, der nicht versteht, was seine Frau tut, dazwischengetreten wäre. Achilleus wächst ohne Mutter auf, denn sie ist ins Meer zu ihrem Vater, dem Meergott Nereus, zurückgekehrt, lebt als Knabe allein im wilden Pelion-Gebirge und wird hier von Cheiron erzogen, einem im Gegensatz zu seinen Artgenossen friedlichen und weisen Kentauren, also einem Mischwesen mit einem menschlichen Ober- und einem Pferdeunterkörper. Achilleus entwickelt sich zu einem überaus schnellen Läufer und, wie schon hervorgehoben, zu einem gewaltigen Krieger, der die schon erwähnte Lanze benutzt; er wird einem Orakel gemäß als noch junger Mann den von einem Gott herbeigeführten Heldentod sterben, sofern er auch weiterhin ein Leben als Krieger führt, was seine Mutter immer wieder vergeblich zu verhindern versucht. Das alles spricht eher für eine fiktive Gestalt, die allerdings in ihrer Urform nicht unbedingt Achilleus geheißen haben muß. Jedoch könnte es auch sein, daß diese Züge auf eine letztlich historische Gestalt mit Namen Achilleus *übertragen* worden sind.

Was sich dann – sieht man denn einmal von all diesen Motiven der Sage ab – als *möglicher* ‚historischer Kern‘ des Mythos vom Troianischen Krieg herausschälen ließe, wäre wenig. Man könnte es so beschreiben, wie es in der kritischen Forschung schon geschehen ist: „Viel eher dürfte die Erinnerung an einen vergeblichen Einbruch (von Griechen) in das Skamandertal den Kern gebildet haben" (U. von Wilamowitz-Moellendorff bereits 1916), wobei dieser, so müßte man noch ergänzen, von einem König namens Achilleus geleitet worden sein könnte.

Gesetzt den Fall, es habe einen solchen vergeblichen Versuch gegeben, dann würde sich die Frage nach dem Zeitpunkt des Geschehens und seiner Umstände stellen. Geht man davon aus, daß die aus den Zentren der mykenischen Welt wie Mykene, Tiryns, Pylos, Athen, Theben und Knossos kommenden Griechen (Abb. 1) der Ilias zufolge eben *keine* Eroberungen in der Troas durchführten und die Könige dieser griechischen Heere *nur* durch das Raubmotiv mit der Sage verknüpft sind, daß außerdem *keiner* von ihnen durch den alten troianischen Haupthelden Paris bzw. dieser durch *keinen* von ihnen getötet wurde – denn nichts davon steht ja in der Ilias –, so deutet das darauf hin, daß in der alten Sagenform, um die sich später wie um einen Kristallisationspunkt allerlei andere Geschichten anlagerten, die erwähnten mykenischen Reiche und Könige offenbar *überhaupt* keine Rolle spielten.

Richtet man dagegen den Blick darauf, wo dem Epos zufolge Achilleus und Philoktet sowie ihre Krieger beheimatet waren, wo Achilleus Eroberungen durchführte und daß er von Paris bzw. dieser von Philoktet getötet wurde, dann fällt auf, daß diese Helden und ihre Krieger von dort stammten, von wo auch die Träger der sogenannten – und historisch nachweisbaren – Äolischen Kolonisation kamen, und dort kämpften, wo sich diese niederließen – daß also in Mittelgriechenland beheimatete Könige die Hauptgegner der alten troianischen Verteidigerfigur und der Troianer waren. Das Geschehen, das diesem historischen Prozeß zugrunde lag und als ‚Äolische Kolonisation‘ bezeichnet wird, läßt sich etwa wie folgt beschreiben: Im 11./10. Jh. zogen aus Mittelgriechenland stammende Griechen landsuchend über die Insel Skyros nach Lesbos und Tenedos und besiedelten von hier aus die Nordwestküste Kleinasiens (Abb. 1. 2). Die Siedler bestanden wohl aus jeweils nur kleinen Gruppen von vielleicht einigen hundert Personen und operierten weitgehend unkoordiniert, wenn auch vielleicht nicht ohne jeden Kontakt untereinander. Die Rückbindung der ältesten Sagenform auf *diese* Ereignisse bedeutet aber, daß sie *nicht* in der mykenischen Welt und in den oben genannten mykenischen Zentren des 13. oder 12. Jhs. entstand, sondern im Zusammenhang mit der eben genannten Bewegung am Ende der mykenischen Epoche (im 11. Jh.) oder eventuell auch in der sogenannten protogeometrischen Zeit (im ausgehenden 11. und 10. Jh.). Diejenigen aber, die diese älteste Sagenform geschaffen haben, kamen demnach aus Mittelgriechenland und betrachteten sich ab einem bestimmten Zeitpunkt als Eroberer der erwähnten Inseln, der Troas und besonders von Troia. Dabei käme für die der Sage nach umkämpfte Stadt nur die Schicht Troia VII b 2 in Frage, denn sie war die letzte nichtgriechische Siedlung auf dem Hügel Hisarlık, und auf sie folgte die immer mehr von griechischer Kultur geprägte und zunehmend von Griechen bewohnte Stadt Troia VIII.

Denkbare Rekonstruktion des Ereignisablaufes und der Sagenentwicklung

Es gibt demzufolge zwei Möglichkeiten, sich den Ablauf der Ereignisse und die Ausbildung der Sage vorzustellen:

1. Wie aus dem soeben vorgestellten *möglichen* ‚historischen Kern‘ der Sage hervorgeht, hätten die Griechen versucht, sich der Stadt Troia VII b 2 gewaltsam zu bemächtigen. Die für damalige Verhältnisse außerordentlich starke Befestigungsmauer und natürlich auch der energische Widerstand der Verteidiger hätten das aber vereitelt, mancher Angreifer wäre gefallen und der Rest hätte sich zurückgezogen, vermutlich nach Tenedos. Einige Zeit später wurde Troia von einer schweren Brandkatastrophe heimgesucht und die Bevölkerung dezimiert. Die auf Tenedos wohnenden Griechen hätten das bemerkt und Kundschafter ausgeschickt. Diese hätten die Kunde von einer nur stellenweise durch die alten Bewohner wieder besiedelten Stadt mitgebracht. Die beschriebene Situation hätte es den Griechen erlaubt, sich ohne große Probleme in der Stadt niederzulassen. Wäre dies der Fall gewesen, so hätte sich der Ausgangspunkt des Mythos in so gut wie nicht erkennbarer Form in der Ilias ‚erhalten‘, was ganz dem zur Rolle mündlicher Traditionen Gesagten in Kap. II entspräche.

2. Griechen hätten sich an der Südküste der Troas oder auch auf Tenedos angesiedelt, hätten aber auch zusätzliche Wohnsitze gesucht. Auf das von einer mächtigen Ringmauer umge-

112

bene und ausreichend bevölkerte Troia VII b 2 hätten die Griechen einen Angriffsversuch gar nicht erst unternommen. Bald darauf hätte man festgestellt, daß Troia in einer Brandkatastrophe untergegangen und ein Teil seiner Bewohner dabei umgekommen war. Obwohl der überlebende Teil der Bevölkerung wieder in die Stadt zurückgekehrt war, wäre er zu schwach gewesen, um sich einer Ansiedlung von Griechen zu widersetzen. Diese hätten es also leicht gehabt, sich in Troia niederzulassen.

Die Ausbildung der Sage selbst hätte sich dann etwa wie folgt vollzogen: Im ersten Fall hätte man das Wissen über den einfachen Sachverhalt eines griechischen Angriffsversuches gegen Troia, der nicht nur wegen ihrer Verteidiger, sondern auch wegen ihrer unerstürmbaren Ringmauer verlustreich und erfolglos geblieben war, im Gedächtnis bewahrt – vielleicht auf dem Wege mündlicher Überlieferung. Die auch weiterhin intakte Befestigungsmauer hätte dafür sozusagen als ‚Gedächtnisstütze‘ gedient. Auch an die besondere Art der Ansiedlung in Troia hätte man sich eine Zeitlang noch erinnert. Bald wäre *dieser* Vorgang aber zu unheroisch erschienen, und man hätte eine Eroberungsgeschichte besonderer Art daraus gesponnen. Im zweiten Fall hätte einige Zeit später, als das echte Wissen über den Siedlungsvorgang in Troia, weil er sich in ganz unspektakulärer Weise vollzogen hatte, verblaßt war, der Umstand, daß man neben Nichtgriechen in einer von einer unüberwindbaren Befestigungsmauer umgebenen Stadt lebte, dazu geführt, sich heldenhafte, aber erfolglose Sturmversuche der Griechen auf Troia vorzustellen, die schließlich in einer Eroberung ganz außergewöhnlicher Art mündeten.

Die *in jedem der beiden Fälle erfundene* Eroberungsgeschichte könnte anfangs aus der Einnahme Troias durch Philoktet vermittels seiner Wunderwaffen, des Bogens und der Giftpfeile des Herakles, bestanden haben, mit denen er nicht nur den Haupthelden Troias, Paris, tötete, sondern auch die Mauer von den übrigen Verteidigern entblößte. Oder man mag sich ausgedacht haben, daß in einem wunderbaren Auftreten des der Athena heiligen Pferdes eines der Tore der Stadt eingetreten worden sei. Eventuell hätte man auch gedacht, daß die Stadt durch einen bei Nacht durchgeführten Täuschungs- und Überraschungsangriff gefallen wäre. Denkbar wäre auch, daß man sich die Einnahme wie in der erwähnten ägyptischen Erzählung (S. 107) vorgestellt hätte. Diese Geschichten könnten etwa gleichzeitig entstandene, miteinander konkurrierende Versionen gewesen sein, sie könnten aber auch zeitlich aufeinander folgende Erzählstufen dargestellt haben, bis sie dann von der höher entwickelten Geschichte mit der List vom Hölzernen Pferd abgelöst wurden.

In beiden zuletzt erwogenen Lösungen der Frage nach der Sagenentstehung hätte man die märchenhaft-volkstümliche Gestalt aus Mittelgriechenland zur Leitfigur der Angriffsversuche gemacht, die damals aber noch nicht unbedingt Achilleus geheißen haben muß. Vielleicht aber hat man die Wesenszüge dieser Sagengestalt auf einen wirklich historischen König der Angreifer übertragen, der tatsächlich Achilleus hieß. Daß letzteres nicht unmöglich gewesen sein muß, geht daraus hervor, daß der Name Achilleus immerhin um 1200 in der geschriebenen Form ‚a-ki-re-u' auf Linear B-Täfelchen vorkommt und ganz ‚alltägliche Menschen' bezeichnet.

Die fiktive Achilleus-Gestalt mag man eventuell deshalb übernommen bzw. ihre Züge auf einen König übertragen haben, weil dadurch ihre Hauptqualität – die große Heldenhaftigkeit – auf den Anführer der Angreifer übertragen werden konnte. Dadurch wäre allerdings auch eine gewisse Widersprüchlichkeit in die Sage um Troia gekommen, die auch noch in der Ilias zu erkennen ist: Zum einen wären die Gewaltigkeit der Mauer Troias und die Tapferkeit des Verteidigers der Stadt, nämlich des Paris, der Grund für das Scheitern des angreifenden Königs gewesen, zugleich aber wäre rein schicksalhafte Vorbestimmung, nämlich als jugendlicher Held durch einen Gott zu fallen, wirksam geworden. Die Mauer würde – so verstanden – also nicht nur zum Symbol der Heldenhaftigkeit, sondern auch der Tragik des griechischen Angriffskrieges erhoben worden sein. Die unmittelbar nach der Entstehung dieser frühen Sagenversion oder bald darauf *erfundene* Eroberungsgeschichte, die dann mit der alten Fassung verschmolzen wurde, wäre dann so zu verstehen, daß die griechischen Erobe-rer Troias darin die Macht der griechischen Schutzgottheit Athena und die besondere griechische Fähigkeit ausdrücken wollten, trotz einer ausweglos erscheinenden Situation letztlich siegreich zu sein. Aus dieser Kombination göttlicher Hilfe und eigener Fähigkeit mochte man sogar einen Anspruch auf den Besitz von Troia und des ihm zugehörigen Territoriums ablei-ten können. Die heroisch-tragische Achilleus-Thematik mag auf diese Weise vielleicht zu einer Art von ‚Gründungssage‘ umgestaltet worden sein, welche die griechische Vorherrschaft in Troia und der Troas erklären sollte, als weder die Griechen noch die verbliebene alte Bevölkerung sich mehr erinnern konnte, wie es eigentlich zu dem bestehenden Zustand gekom-men war. Später wären dann die Helena-Thematik und die da-mit verbundenen Motive und Gestalten hinzugekommen; sie dienten vielleicht nur dazu, die griechische Landnahme in der Troas weiter zu legitimieren. Später noch mögen aus ganz an-deren Sagenkreisen stammende Erzählungen von Kämpfen in die Troia-Sage Eingang gefunden und – vermutlich durch Ho-mer – auch neue Personen wie Aineias und Antenor und ihre Angehörigen in den Stoff eingefügt worden sein. Denkbar wäre, daß es dem Dichter bei einer solchen Einfügung darum zu tun war, ortsansässigen Adelsgeschlechtern, die vielleicht Aineiaden oder Antenoriden waren, zu schmeicheln: Wenn sie einen ihrer Vorfahren auf diese Weise vom Dichter gewürdigt und in den Kreis alter Helden emporgehoben sahen, fiel die Be-lohnung für den Sänger zweifellos höher aus, als wenn er sie nur mit interessanten Geschichten unterhielt, die aber ohne di-rekten Bezug zu ihnen blieben. Von solcher Gunst der ‚hohen Herren‘ lebten nämlich Dichter wie Homer.

Überdies wurde von Homer durch die Einführung des The-mas ‚Zorn des Achilleus‘ und seine Folgen dem ihm überlie-ferten Sagenstoff eine völlig neue und maßgeblich veränderte Richtung gegeben: Der in seiner Ehre von Agamemnon durch die Beschlagnahme seiner Lieblingssklavin gekränkte Achil-leus zieht sich grollend aus dem Kampf zurück. Obwohl das griechische Heer nun durch Hektor in große Bedrängnis gerät, weigert sich Achill, den Kampf wiederaufzunehmen und so das Los der Griechen zu wenden. Als die Not für das griechische Heer weiter wächst, erlaubt er wenigstens seinem Freund Patroklos – angetan mit Achills Rüstung – in den Kampf einzugreifen. Dadurch aber beschwört Achill den Tod des Freundes durch den überlegenen Hektor und den auf Seiten der Troianer stehenden Gott Apollon herauf. Erst dieser schwere Verlust läßt Achill seinen Zorn auf Agamemnon vergessen und wieder in den Kampf eintreten. Patroklos rächend, tötet er Hektor, was neben dem oben erwähnten Orakelspruch (z. B. Ilias 9, 410–416) – dem er durch die Rückkehr in die Heimat hätte entgehen können, wie die Ilias hervorhebt (22, 355–360) – eine weitere Voraussetzung für seinen eigenen Tod durch Paris und Apoll schafft. Achilleus' anfänglich wegen der erlittenen Kränkung berechtigtes Verhalten (aufgrund der Kränkung) wird also, da er sich nicht zu disziplinieren weiß, zur Ursache des Todes vieler Griechen, seines Freundes und schließlich seines eigenen. Das in einem entscheidenden Punkt von ihm geforderte – die persönlichen Angelegenheiten hintanstellende – Bewußtsein für die legitimen Bedürfnisse der Gemeinschaft wird von ihm nicht entwickelt. Dieser maßlose Individualismus bewirkt die Schuld und die Verantwortung des Achilleus für den Tod der genannten Personen und für seinen eigenen.

Daß die Erweiterung und Umwandlung, denen Homer die ihm bekannten alten Sagentraditionen unterworfen hatte, letztlich nichts mehr mit dem zugrundeliegenden Mythos zu tun hatten, wird besonders darin deutlich, daß der Dichter den Feldzug gegen Troia zu einer Art gesamt- – man möchte sagen – nationalgriechischem Epos umdichtete. Es ist der Kampf einer Koalition von Griechen gegen eine solche von Nichtgriechen und steht damit ohne Bezug zu den alten Sagen, deren alleinige Protagonisten Achill, Philoktet und Paris sowie ihre Krieger waren.

Angesichts dieser tiefgreifenden Veränderungen mag man sich fragen, wie sich zu Zeiten Homers, also im 8. Jh., die Bewohner Troias – die sich selbst vermutlich als ‚Ilier' bezeichneten (ein Name, der in den homerischen Epen nie für die Einwohner der sagenhaften Stadt verwendet wird, denn diese heißen in den Dichtungen stets ‚Troianer‘) – die Geschichte ihrer Ansiedelung in Troia gedacht haben: *Diese* ‚Gründungsgeschichte‘ sah vermutlich in den Grundzügen so aus, wie es die wohl erst in nachhomerischer *ausgebildete* Erzählung von der Aiolischen Kolonisation Nordwestkleinasiens und der vorgelagerten Inseln schilderte. Das heißt, daß Griechen aus Mittelgriechenland in diesen Raum eindrangen, wobei sie auch das – so zumindest die Fiktion – als Folge der angeblichen Eroberung am Ende des ‚Troianischen Krieges‘ weitgehend entvölkerte und kaum mehr widerstandsfähige Troia in Besitz nahmen und sich mit den Resten der älteren Bevölkerung vermischten.

Der Untergang jenes Troias der Sage wurde in der Antike häufig ‚berechnet‘ und meist auf das Datum 1184 festgelegt. Allerdings sind alle derartigen gelehrten Spekulationen ohne jeden historischen Aussagewert, wie nicht nur die hier vorgelegten Resultate deutlich machen. Hinzu kommt, daß selbst die älteste Berechnung, nämlich jene, die der Vater der Geschichtsschreibung, Herodot, präsentiert und auf das Jahr 1250 festlegt, erst aus dem 5. Jh. stammt! Es ist völlig absurd zu glauben, daß es damals gesichertes Wissen über einen Vorgang gegeben haben könnte, der mehr als 700 Jahre vorher hätte stattgefunden haben sollen. Moderne Autoren haben also nicht den geringsten Grund, sich auf solche antiken Daten zu berufen und sich gar auf das Jahr 1184 zu kaprizieren.

VI. Weiterleben und Rezeptionsgeschichte der Troia-Sage in antiker und nachantiker Zeit

Die zunehmende Politisierung des Mythos

Welche der oben erörterten Möglichkeiten der Sagenentstehung man auch für die zuverlässigere halten mag – in jedem Fall mußte die aus der späten Bronzezeit stammende und auch noch Troia VIII als Bollwerk dienende Mauer den späteren Bewohnern von Ilion als sichtbares Zeichen ihrer vermeintlich großen Kämpfe um Troia Eindruck machen. Die Ilias des Homer steigerte diese Suggestionskraft, in dem sie Troia zum Schauplatz so vieler, eindrucksvoll geschilderter heroischer Ereignisse erhob. Eine grundsätzlich entsprechende Rolle kam auch den wohl erst durch Homer als Heldengräber gedeuteten Hügeln in der Troas zu – so dem Grab des Achilleus auf Kap Sigeion, jenem des sogenannten Großen Aias auf Kap Rhoiteion und jenem des Hektor bei Ophryneion sowie anderer, älterer Helden wie z. B. jenem des Ilos, des Gründers von Troia-Ilion, in der Ebene nördlich vor der Stadt (Abb. 3). Eine explizit politische Aussage bekamen die angeblichen Überreste des alten Troia durch die Geschehnisse im letzten Viertel des 4. Jhs. und im 3. Jh. Durch sie war der neu erbaute Tempel der Athena Ilias zu einem Siegestempel geworden: Der von Alexander dem Großen nach erfolgreicher Landung an der Küste Asiens gelobte (334) und von Lysimachos nach der Eroberung Asiens durch Alexander und der Inbesitznahme Westkleinasiens durch ihn selbst – Lysimachos – im Jahre 301 der Göttin errichtete Tempel verwies sowohl auf die alten als auch auf die neueren Siege und legitimierte so den Herrschaftsanspruch der Griechen und Makedonen, und zwar ihrer alten und neuen Könige, über die Troas, Westkleinasien bzw. das Perserreich. In diesem Tempel stand das aus dessen Vorgängerbau übernommene, nicht lebensgroße und altertümliche Kultbild der Athena aus Holz, von dem man annahm, es stamme noch aus der Zeit vor dem Troianischen Krieg. In den

Ausbau des Heiligtums wurden zudem durch die im 3. Jh. vorgenommenen Baumaßnahmen bestimmte Teile der alten Befestigungsmauer integriert – so einerseits der obere Teil der Hauptecke der spätbronzezeitlichen Nordostbastion samt der griechischen Treppenanlage und der sie seitlich begrenzenden Mauer, andererseits die zur Zeit von ‚Troia VI spät' erbaute Nordmauer in F – J 3. Diese Teile der älteren Befestigung wurden also solcherart regelrecht präsentiert, sie dürften daher als Reste der sagenhaften Ringmauer gegolten haben. Sie legten im Bewußtsein der Späteren folglich Zeugnis über das Troia der Sage und über den Sieg der Griechen im Troianischen Krieg ab. Durch die Neubauten, das bastionartige Fundament IX N mit seiner Polsterquaderbekrönung und dem über der Nordmauer emporragenden Tempel, wiesen sie jedoch auch auf die jüngsten Siege – die Alexanders und des Lysimachos – hin. Man darf daher mit gutem Grund annehmen, daß jene Reste der alten Befestigungsmauer Troias, von denen man annahm, sie stammten aus der heroischen Zeit, nicht um ihrer selbst willen konserviert wurden, sondern weil sie eine Aussage vermitteln sollten (Abb. 6.13b), die den neuen Herren in das politische Konzept paßte.

Demgegenüber kam es im 1. Jh. Caesar und Augustus darauf an, eine neues, und zwar ein *römisches* Troia entstehen zu lassen. Das römische Volk und seine beiden Potentaten sahen in Troia ihre ursprüngliche Heimat, denn der Ahnherr ihres, des iulischen Geschlechts und des römischen Volkes – Aineias und seine Familie – stammten aus dieser Stadt. In dem auf Initiative des Augustus renovierten Ilion sollte sich, wie unter anderem aus einem auf dem Grab des Hektor angebrachten Gedicht hervorgeht, der Sieg Roms über die Nachkommen der sagenhaften griechischen Eroberer manifestieren – sozusagen die Rache der Urenkel des Aineias. Wenn die Ilier in der Folgezeit bei den römischen Kaisern um Wohltaten baten, dann führten sie dabei gerne auch das Argument der gemeinsamen Abkunft von Troianern und Römern ins Feld – und hatten nicht selten damit Erfolg.

Troia-Tourismus in der Antike und Rezeption

Schon seit der Zeit Homers scheinen Griechen und Nichtgriechen Ilion bisweilen besucht zu haben. Nicht nur die Stadt war das Ziel, sondern auch die Heldengräber in der Umgebung. Sie wurden vermutlich seit dem 6. Jh. von Bewohnern der Troas kultisch verehrt. Und am Grab des Achilleus nahmen auch Gesandtschaften aus Thessalien, der Heimatregion des Helden (Abb. 1), immer wieder Kulthandlungen vor.

Mit den am Ende des 4. Jhs. eingetretenen Veränderungen setzte schließlich ein regelrechter Tourismus ein. Die Sehenswürdigkeiten nahmen im Laufe der Zeit zu. Immer mehr Gräber von Gestalten der Sage, immer mehr Schauplätze heroischer Ereignisse in der Landschaft und immer mehr Gegenstände, die angeblich aus der heroischen Zeit stammten, wurden den Besuchern gezeigt. Im 2. Jh. wurde sogar ein Führer für Ilion und seine Umgebung verfaßt. Fremdenführer begleiteten spätestens seit hellenistischer Zeit den normalen Besucher, wohingegen der gebildete Reisende sich allein auf den Weg machte und vor den Denkmälern und an den Geländemarken die entsprechenden Stellen der Epen rezitierte; ja, manch einer glaubte, an den Gräbern Erscheinungen der Helden gehabt und sich mit ihnen unterhalten zu haben. Es dauerte mehrere Tage, bis der feinsinnige Besucher alles gesehen und genossen hatte. Diese Formen des Tourismus trugen ebenso zu Wohlstand und Prestige von Ilion bei wie die zu Ehren der Göttin Athena gefeierten Festlichkeiten, die oben erwähnten *Panathenäen*.

Auf die Wirkung der Sage vom Troianischen Krieg und besonders der homerischen Epen in der römischen Kaiserzeit, in der byzantinischen Epoche und im späten Mittelalter bzw. der frühen Renaissance wurde schon in Kap. I und II hingewiesen. Wie wirkungsmächtig sie durch die Jahrtausende blieben, belegen nicht zuletzt die Übersetzungen der Epen durch A. Pope ins Englische und A. Dacier ins Französische während der ersten Hälfte und von J. H. Voss ins Deutsche in der zweiten Hälfte des 18. Jhs.

Lord Byron durchwanderte 1810 gut zwei Wochen lang die Troas und suchte vergeblich nach Ilions Mauern, glaubte aber das Grab des Achilleus gefunden zu haben. Die in der 4. Auflage 1828 erschienene ‚Weltgeschichte für Kinder' von Georg Ludwig Jerrer enthielt die Sage vom Troianischen Krieg und zeigte ein nachempfundenes Bild des mit seinem Vater auf dem Rücken fliehenden Aineias vor einem Turm der gewaltigen Ringmauer des brennenden Troia, das ein Jahr später angeblich den erst neunjährigen Schliemann zu seinen Grabungen in Troia angeregt haben soll. Der deutsche Theologe und Gymnasiallehrer Gustav Schwab erzählte um 1840 in seinem dreibändigen Werk ‚Die schönsten Sagen des klassischen Altertums' die wichtigsten griechischen Mythen nach und gab darin der Sage breiten Raum. Schliemann selbst entfaltete eine reiche literarische Produktion zu Troia und trug damit nachhaltig zur Popularisierung sowohl der Sage als auch seiner Grabungen bei. Das 1949 erschienene sogenannte Archäologische Sachbuch mit dem Titel ‚Götter, Gräber und Gelehrte' von C. W. Ceram und die vielen Werke, die in dessen Tradition standen, verstärkten diese Tendenz noch. Nur zwei von ihnen seien hier erwähnt: Zum einen das lesenswerte Buch von M. Wood, ‚Der Krieg um Troia' aus dem Jahre 1985, und das solide, allerdings in starkem Maße den diskussionswürdigen Thesen Korfmanns verpflichtete Werk von B. Brandau mit dem Titel ‚Troia. Eine Stadt und ihr Mythos. Die neuesten Entdeckungen'.

VII. Nachwort:
Die Rolle der Ilias zwischen Literatur, Geschichtsbuch und historischer Quelle

Es war – das hoffentlich erreichte – Ziel dieses Büchleins, deutlich zu machen, daß die homerischen Epen nicht zur Rekonstruktion von Geschehnissen oder Ereignisabläufen der Bronzezeit benutzt werden können. Die Ilias ist eben, wie F. Hampl es treffend ausgedrückt hat, ‚kein Geschichtsbuch‘ – und das gilt für alle Troia-Epen. Wenn die Ilias als Quelle benutzt wird, dann als eine solche für die Verhältnisse während der Lebenszeit des Dichters Homer, also dem 8. Jh. Und das ist keine neue Erkenntnis. Seit langem haben dies vor allem Althistoriker betont, und die Untersuchung von B. Patzek läßt dieses Ergebnis erneut in aller Klarheit hervortreten. Nicht nur die archäologischen Befunde in Kleinasien und Griechenland vom Ende des 2. und aus den ersten Jahrhunderten des 1. Jts., sondern auch die Kenntnis der hethitischen Quellen und der mykenischen Linear B-Texte belegen diesen Sachverhalt. Es ist somit ergiebig, die Epen als Quelle für die Zeit Homers zu lesen, also für jene Zeit, als sich der frühgriechische Stadtstaat – die Polis – formierte; die Ilias ist aber keine ‚Auskunftdatei‘ für die späte Bronzezeit. Daß sich vereinzelt auch der eine oder andere Zug eines Geschehens des späten 2. Jts. ‚erhalten‘ haben kann, soll gar nicht bestritten werden; aber wo immer wir solchen Splittern einer alten Überlieferung begegnen, liegen sie in stark überformter, veränderter und verfremdeter Gestalt vor. Ein Vergleich mit dem um 1200 verfaßten mittelhochdeutschen Epos, dem sogenannten Nibelungenlied, soll diese Überlegung veranschaulichen: Die im Nibelungenlied, geschilderte Welt ist erkennbar die des Hochmittelalters und nicht die der Völkerwanderungszeit des 5. Jhs., in der das die Nibelungensage auslösende Ereignis stattgefunden hat. Dieses – der blutige Untergang der Burgunder durch die hunnischen Hilfstruppen des römischen Statthalters von Gallien, Aetius, im Jahre 436 n. Chr. – ist zwar noch im mittelalterlichen Epos ,präsent', allerdings in ganz anderer Art, als es sich real vollzog. Wenn man bedenkt, daß sich diese nachhaltige Umgestaltung und Verfremdung vollziehen konnte, obwohl mehrere Historiker der Völkerwanderungszeit den Vorfall schriftlich aufgezeichnet haben, also die Ausgangssituation für den Erhalt der Fakten im Epos sehr gut war, so wird jedem rasch klar, wie absurd es wäre, die Ilias als Geschichtsbuch für Jahrhunderte zurückliegende Ereignisse nehmen zu wollen, für die *keinerlei* schriftliche Überlieferung existierte. So zeigt auch die vergleichende Sagen- und Epenforschung, wie vorsichtig man mit den homerischen Epen als Quellen für eine weit zurückliegende Vergangenheit umgehen muß, die sich die Späteren als ihre heroische Zeit vorstellten.

Von besonderer Bedeutung für die homerische Epik im Gegensatz zur deutschen war, daß aus alter Zeit stammende Überreste von Bauwerken zum Kristallisationspunkt von wesentlichen Zügen einer Sage werden und daß diese Denkmäler auch später noch konserviert und präsentiert werden konnten, so daß der Mythos eine vermeintlich authentische materielle Basis in der Gegenwart fand. Aber gerade die Geschichte dieser Denkmäler zeigt, wie am Ende von Kap. V und in Kap. VI – wenn auch nur knapp – dargelegt werden konnte, daß die Erhaltung solcher Zeugnisse der Vergangenheit – und mochten es nur Trümmer sein – immer von bestimmten und sich stets wandelnden Interessen, auch solchen politischer Natur, geleitet war; die Sicherung des archäologischen Erbes der Vorfahren um ihrer selbst willen wäre der griechischen und auch der römischen Gesellschaft nie in den Sinn gekommen.

Die Geschichte der Bewohner Troias verlief durch die Jahrtausende hindurch wechselvoll und manchmal dramatisch, soweit sie sich Dank der Arbeit der Archäologen rekonstruieren läßt. Es ist erfreulich, daß diese antike Stadt durch die Epen Homers zu einem unvergänglichen Bestandteil unseres kulturellen Gedächtnisses wurde – auch wenn der in ihnen beschriebene Krieg niemals stattgefunden hat.

Kommentierte Bibliographie

Zur Geschichte der Erforschung der Troas: J. Cobet, Heinrich Schliemann. Archäologe und Abenteurer. C.H. Beck Wissen Bd. 2057, München 1997; S.H. Allen, Finding the Walls of Troy. Frank Calvert and Heinrich Schliemann at Hisarlık (1999). – **Zur Homerforschung:** W. Schadewaldt, Von Homers Welt und Werk. Aufsätze und Auslegungen zur Homerischen Frage, 4. Auflage Stuttgart 1965; ders., Iliasstudien, 3. Auflage Darmstadt 1966; A. Lesky, Geschichte der griechischen Literatur, 3. Auflage 1971, 21–112; A. Heubeck. Die Homerische Frage. Erträge der Forschung, Darmstadt 1974; ders., Forschungsbericht: Zur neueren Homerforschung (VII), in: Gymnasium 89, 1982, 385–447; J. Latacz, Homer. Der erste Dichter des Abendlandes, München/Zürich, 2. Auflage 1989; U. Hölscher, Die Odyssee. Märchen zwischen Epos und Roman, 2. Auflage München 1989; J. Latacz (Hg.), Zweihundert Jahre Homer-Forschung. Rückblick und Ausblick. Colloquium Rauricum 2, Stuttgart 1991; A. Heubeck, Studien zur Struktur der Ilias, in: J. Latacz (Hg.), Homer. Die Dichtung und ihre Deutung. Wege der Forschung Bd. 634, Darmstadt 1991, 450–476; W. Kullmann, Ergebnisse der motivgeschichtlichen Forschung zu Homer (Neoanalyse), in: Latacz 1991, 425–455; ders., Homerische Motive. Beiträge zur Entstehung, Eigenart und Wirkung von Ilias und Odyssee, hg. v. R.J. Müller, Stuttgart 1992. – **Zu den Grabungen in Troia:** Neben den Werken Schliemanns (zu diesen s. Cobet 1997, 118) ist vor allem die in Kap. II genannte Publikation von Dörpfeld und ders., Bericht über die im Jahre 1893 in Troja veranstalteten Ausgrabungen, Leipzig 1894, heranzuziehen. Die Resultate der Grabungen Schliemanns wurden von D.F. Easton in seiner bislang unveröffentlicht gebliebenen Dissertation auf der Basis der Tagebücher und Briefe des Ausgräbers ausgewertet; darin konnte Easton auch den Verlauf der Nordmauer von ‚Troia VI Spät‘ rekonstruieren. Eine Zusammenfassung von Eastons Arbeit stellt der Aufsatz ‚Schliemanns Ausgrabungen in Troia‘ in: J. Cobet-B. Patzek (Hg.), Archäologie und historische Erinnerung. Nach 100 Jahren Heinrich Schliemann, Essen 1992, 51–72, dar. Die von 1932 bis 1938 durchgeführten amerikanischen Grabungen wurden von C.W. Blegen in dem vierbändigen Werk ‚Troy‘, insbesondere den Bänden III. The Sixth Settlement, Cincinnati 1953, und IV. Settlements VII a, VII b und VIII, Cincinnati 1958, jeweils Text- und Tafelband, vorgelegt. Die Ergebnisse der neueren Grabungen von M. Korfmann, Universität Tübingen, und B. Rose, Universität Cincinnati, haben ihren Niederschlag in der Reihe Studia Troica, 1, 1991 ff. gefunden. Einen Überblick darüber gibt bis 1996 das am Ende von Kap. VI erwähnte Buch von Brandau. Vgl. auch M. Korfmann, Troja. A Residential and Trading City at the Dardanelles, in: R. Laffineur – W.-D. Niemeier (Hg.), Politeia – Society and State in the Aegean Bronze Age. Proceedings of the 5th International Aegean Conference University of Heidelberg, Archäologisches Institut 10–13 April 1994, Aegaeum 12, Heidelberg 1975, 173–183. – Zu Troia VIIb D. Koppenhöfer, Studia Troica 7, 1997, 295–354. Zur Datierung von Troia VI, VIIa, VIIb 1 und VIIb 2: P. Mountjoy, Studia Troica 7, 1997, 275–294; 9, 1999, 253–346. – Die nach Berlin gelangten Funde der Grabungen Schliemanns und Dörpfelds (die sogenannte Schliemann-Sammlung im Museum für Vor- und Frühgeschichte) hat Schmidt in dem in Kap. II aufgeführten Werk publiziert. Zu der in Arbeit befindlichen Neupublikation s. D. Hertel, Das Forschungsprojekt „Untersuchungen zur Geschichte der Aiolis in der Bronzezeit und der griechisch-römischen Zeit" mit dem bis 1996 erzielten Forschungsstand, in: Präsidium der Deutschen Verbände für Altertumsforschung. Archäologisches Nachrichtenblatt Bd. 2, 1/1977, 80–87. – **Zu den hethitischen Quellen:** G. F. del Monte – J. Tischler, Répertoire Géographique des Textes Cunéiformes Bd. 6. Beiträge zum Tübinger Atlas des Vorderen Orients, Reihe B Nr. 7/6, Tübingen 1978; vgl. den kritischen Aufsatz von W. Röllig, Achäer und Trojaner in den hethitischen Quellen?, in: I. Gamer-Wallert (Hg.), Troia. Brücke zwischen Orient und Okzident, Tübingen 1992, 183–200; weniger kritisch, aber dennoch wichtig ist D. Hawkins, Tarkasnawa King of Mira – ‚Tarkondemos‘, ‚Boğazköy sealings and Karabel‘, in: Anatolian Studies 48, 1998, 1–32; beide Artikel mit der älteren Literatur; zum archäologischen Aspekt s. P. Mountjoy ebd. 33–68. – Eine ganz andere Position als der Verfasser dieses Büchleins vertritt F. Starke, Studia Troica 7, 1997, 447–488; zur Problematik der Gleichsetzung von Wilusa und Filios/Troia s. G. Neumann, Zu den epichorischen Sprachen Kleinasiens, in: G. Dobesch – G. Rehrenböck (Hg.), Die epigraphische und altertumskundliche Erforschung Kleinasiens: Hundert Jahre Kleinasiatische Kommission der Österreichischen Akademie der Wissenschaften. Österreichische Akademie der Wissenschaften, Philosophisch-Historische Klasse. Denkschriften, 236. Bd., Wien 1993, 289–296. – Vgl. auch P. W. Haider, Troia zwischen Hethitern, Mykenern und Mysern – Besitzt der Troianische Krieg einen historischen Hintergrund?, in: H. D. Galter (Hg.), Troia. Mythen und Archäologie, Graz 1997, 97–140; W.-D. Niemeier, The Mycenaeans in Western Anatolia and the Problem of the Origins of the Sea Peoples, in: S. Gitin – A. Mazar – E. Stern (Hg.), Mediterranean Peoples in Transition Thirteenth to Early Tenth Centuries BCE. In Honor of Professor Trude Dothan, Jerusalem 1998, 17–65. – **Zu den sprachgeschichtlichen Aspekten Nordwestkleinasiens,** wie sie auch der Autor dieses Bandes sieht, s. A. Scherer, Nichtgriechische Personennamen der Ilias, in: H. Görgemanns-E. A. Schmidt, Studien zum antiken Epos. Beiträge zur Klassischen Philologie, Heft 72, Meisenheim am Glan 1976, 32–45; H. von Kamptz, Homerische Personennamen. Sprachwissenschaftliche und historische Klassifikation, Göttingen 1982; L. Zgusta, Kleinasiatische Ortsnamen. Beiträge zur Namenforschung, Neue Folge, hg. v. R. Schützel, Beiheft 21, Heidelberg 1984; vgl. auch I. von Bredow, Die Sprachsituation in der Troas im 2. Jahrtausend v. Chr. Versuch einer Rekonstruktion, in: J. Herrmann (Hg.), Heinrich Schliemann. Grundlagen und Ergebnisse moderner Archäologie 100 Jahre nach Schliemanns Tod, Berlin 1992, 337–342; dies., Ethnonyme und Geographische Bezeichnungen der Thraker bei Homer, in: J. G. P. Best – N. M. W. de Vries (Hg.), Thracians and Mycenaeans. Proceedings of the Fourth International Congress of Thracology Rotterdam, 24–26 September 1984 (1989) 143–152; dies., Die Sprachsituation in der Troas im 2. Jahrtausend v. Chr. Versuch einer Rekonstruktion, in: J. Herrmann (Hg.), Heinrich Schliemann. Grundlagen und Ergebnisse moderner Archäologie 100 Jahre nach Schliemanns Tod, Berlin 1992, 337–342. – **Zur Situation auf dem mittleren Balkan** s. B. Hänsel, Beiträge zur regionalen und chronologischen Gliederung der Älteren Hallstattzeit an der unteren Donau. Beiträge zur ur- und frühgeschichtlichen Archäologie des Mittelmeer-Kulturraumes 16, Bonn 1976. – **Zum Problem der Historizität des Troianischen Krieges:** Kritische Arbeiten s. U. von Wilamowitz-Moellendorff, Die Ilias und Homer (1916) 331–355; L. Preller – C. Robert, Griechische Mythologie. II. die Heroen. 3. 1. Die großen Heldenepen. Der troische Kreis bis zu Ilions Zerstörung, Berlin 1923, 1215f. (Philoktet) 1229f. (Hölzernes Pferd); E. Bethe, Die Sage vom troischen Krieg, Leipzig/Berlin 1927; M. I. Finley und andere, The Trojan War, in: Journal of Hellenic Studies 84, 1964, 1–9; R. Hachmann, Hissarlik und das Troia Homers, in: K. Bittel-E. H. B. Hrouda-W. Nagel (Hg.), Vorderasiatische Archäologie. Studien und Aufsätze A. Moortgat zum fünfundsechzigsten Geburtstag, Berlin 1964, 95–112; E. Meyer, Gab es ein Troia?, in: Grazer Beiträge 4, 1975, 155–169; F. Hampl, Die Ilias ist kein Geschichtsbuch, in: ders., Geschichte als kritische Wissenschaft, Bd. 2. Althistorische Kontroversen zu Mythos und Geschichte, Darmstadt 1975, 51–99 (mit reichen Literaturangaben zum Thema ‚Troianischer Krieg‘); A. Heubeck, Bemerkungen zur Genesis des homerischen Epos (1960), in: ders., Kleine Schriften zur griechischen Sprache und Literatur, hg. v. B. Forsman – S. Koster – E. Pöhlmann, Erlangen 1985. Erlanger Forschungen Reihe A, Geisteswissenschaften 33, 14–21; J. Cobet, Gab es den Trojanischen Krieg?, in: Antike Welt 14, 4, 1983, 39–58; D. Fehling, Die ursprüngliche Geschichte vom Fall Troias. Sonderheft Innsbrucker Beiträge zur Kulturgeschichte 75, Innsbruck 1991; M. I. Finley, Schliemanns Troja nach hundert Jahren, in: ders., Die Welt des Odysseus, Frankfurt/New York 1992, 149–168; D. Hertel, Über die Vielschichtigkeit des Troianischen Krieges. Die Archäologie von Troia VI, VII und VIII, in: Sammelband Cobet-Patzek 1992, 75–104; s. auch W. Kullmann, Festgehaltene Kenntnisse im Schiffskatalog und im Troerkatalog der Ilias, in: W. Kullmann – J. Althoff, Vermittlung und Tradierung von Wissen in der griechischen Kultur. Scripta Oralia 61, Reihe A, Tübingen 1993, 129–147; ders., Homer und Kleinasien, in: J. N. Kazazis (Hg.), Euphrosyne. Festschrift D. N. Maronitis, Stuttgart 1999, 189–201. – Anders ist die Position von P. Högemann, Der Untergang Troias im Lichte des hethitischen Machtzerfalls (14.–12. Jahrhundert v. Chr.), in: Erlanger Studien zur Geschichte 1, 1996, 9–37; ders., Der Iliasdichter, Anatolien und der griechische Adel, in: Klio. Beiträge zur Alten Geschichte, 82, 2000, 1, 7–39. – **Zum funda-**

mentalen Unterschied zwischen der Bronzezeit und der Zeit Homers und zu den Problemen mündlicher Überlieferung s. weiterhin die umfassende und kritische Untersuchung von B. Patzek, Homer und Mykene. Mündliche Dichtung und Geschichtsschreibung, München 1992; J. Latacz (Hg.), Homer. Tradition und Neuerung. Wege der Forschung Bd. 463, Darmstadt 1979; W. Kullmann, „Oral Tradition/Oral History" und die frühgriechische Epik, in: J. von Ungern-Sternberg- H. Reinau (Hg.), Vergangenheit in mündlicher Überlieferung. Colloquium Rauricum 1, Stuttgart 1988, 184–196; ders., Homers Zeit und das Bild des Dichters von den Menschen der mykenischen Kultur, in: O. Andersen-M. Dickie (Hg.), Homer's World. Fiction, Tradition, Reality, Bergen 1995, 57–76. – **Zur frühen griechischen Religionsgeschichte** und zu Appaliunas und Apollon: W. Burkert, Griechische Religion der archaischen und klassischen Epoche, Stuttgart/Berlin/Köln/Mainz 1977. – **Zur bronzezeitlichen Keramik Nordwestanatoliens** und der vorgelagerten Inseln, besonders zur grauminyschen Ware/Anatolischen Grauware, und zur Äolisch-Grauen Ware s. N. Bayne, The Grey Wares of North – West Anatolia in the Middle and Late Bronze Age and the Early Iron Age and their Relation to the Early Greek Settlements' (Diss. Oxford 1963), in: ASIA MINOR STUDIEN 37 (2000). – **Zum frühen griechischen Troia** (VIII) s. D. Hertel, Studia Troica 1, 1991, 131–144; ders., s. Aufsatz Sammelband Cobet-Patzek 1992; ders., Protogeometrische, subprotogeometrische und geometrische Keramik aus den Grabungen Schliemanns und Dörpfelds in Troia, in: B. Rückert – F. Kolb (Hg.), Probleme der Keramikchronologie des südlichen und westlichen Kleinasien in geometrischer und archaischer Zeit, Internationales Colloquium Tübingen vom 24.–26. 3. 1998, im Druck; ders., Die Aiolis von der Bronze- in die Eisenzeit, in: Publikation des Kongresses Frühes Ionien. Eine Bestandsaufnahme. Panionion 26. September–1. Oktober 1999, hg. v. G. Bakir, J. Cobet, V. von Graeve, W.-D. Niemeier u. K. Zimmermann, im Druck. – Anders ist die etwas ältere Position von R. Catling, Studia Troica 8, 1998, 151–188 und von D. Lenz und anderen, ebd. 189–222. – **Zur lokalen Herstellung der spätbronzezeitlichen und frühgriechischen Keramik** aus Troia s. D. Hertel – H. Mommsen – P. A. Mountjoy, Neutron Activation Analysis of the Pottery from Troy in the Schliemann Collection, in: Archäologischer Anzeiger 2001, im Druck. – Zur Geschichte Troias in griechischer und hellenistisch-römischer Zeit unter dem Aspekt des Vergangenheitsbezugs s. D. Hertel, ‚Eine Stadt als Zeugnis ihrer Geschichte. Troia/Ilion in griechischer und in hellenistisch – römischer Zeit'. Ungedruckte Habilitationsschrift Universität Köln 1994. – **Zur Geschichte der Troas** s. B. Tenger, Zur Geographie und Geschichte der Troas, in: E. Schwertheim (Hg.), Die Troas. Neue Forschungen III. ASIA MINOR STUDIEN 33, Bonn 1999, 103–180. – **Zur antiken Berechnung des Datums vom Untergang Troias** s. W. Burkert, Lydia between East and West or How to date the Trojan War. A Study in Herodotus, in: J. B. Carter-S. P. Morris (Hg.), The Ages of Homer. A Tribute to Emily Townsend Vermeule, Austin/Texas 1995, 139–148.

Ausgewähltes Personen- und Ortsregister

Achilleus 11, 12, 18, 28, 29, 34, 60, 92, 102, 103, 104, 106, 107, 108, 109, 110, 111, 114, 115, 116, 118, 120, 121

Agamemnon 11, 28, 102, 105, 106, 115, 116

Aias, der Große, 12, 34, 103, 118

Aias, der Kleine, 91, 103

Aineias 95, 105, 106, 115, 119

Alaksandus 55, 56, 58, 59

Alexander der Große 92, 95, 97, 118, 119

Alexandros-Paris 12, 29, 57, 58, 101, 102, 103, 104, 105, 107, 108, 109, 111, 113, 114, 115, 116

Apollon/Appaliunas 58, 88, 104, 116

Athena 87, 90, 91, 92, 93, 95, 97, 98, 101, 104, 105, 107, 113, 115, 118

Augustus 36, 98, 118, 119

Ballı Dağ 24, 25, 32, 52

Beşika-Bucht/Beşik Yassı Tepe/Besik Sivri Tepe 33, 34, 47, 48, 69

Blegen, C. W., 7, 29, 30, 44, 46, 51, 62, 63, 71, 73

Bunarbaschi/Pinarbaşı 24, 32

Burkert, W., 58

Caesar 98, 118

Calvert, F., 25

Cobet, J., 9, 19

Dardanellen/Hellespont 7, 24, 32, 52, 59, 87, 103, 104

Dörpfeld, W., 7, 27, 28, 29, 30, 31, 34, 46, 47, 60, 61, 62, 71, 87

Easton, D. F., 36

Filios/Wilusa 53, 54, 55, 56, 57, 58, 59, 60

Finley, M. I., 19

Forchhammer, P. W., 24

Grote, G., 18

Hachmann, R., 29

Hampl, F., 19, 122

Hektor 12, 18, 23, 28, 34, 60, 101, 103, 104, 105, 106, 115, 116, 118, 119

Helena 57, 102, 103, 104, 105, 106, 108, 115

Heubeck, A., 16

Högemann, P., 20

Hölscher, U., 16

Ida-Gebirge/Gargaron 32, 59, 73, 87, 89, 101

Korfmann, M. 7, 30, 31, 44, 45, 46, 48, 63, 69, 78, 121

Kullmann, W., 16

Latacz, J., 16

Lechevalier, J. B., 24, 25

Lesky, A., 16

Lysimachos 92, 93, 118

Maclaren, C., 24, 25

Manapa-Tarhundas 55, 56

Menelaos 18, 55, 102, 104, 105, 106, 109

Meyer, E., 19

Mountjoy, P. A., 63, 70, 73

Murko, M., 17

Niebuhr, B. G., 18

Nilsson, M. P., 17

Odysseus 12, 28, 68, 103, 104, 106

Pariamuwa und Pariziti 57

Parry, M., 17

Patroklos 12, 18, 29, 34, 104, 106, 109, 116

Philoktet 102, 104, 107, 108, 109, 111, 113, 116

Priamos 28, 35, 57, 101, 105

Protesilaos 103, 106, 107

Schadewaldt, W. 15

Schliemann, H., 7, 8, 25, 26, 28, 31, 35, 121

Skamander/Simoeis 7, 32, 33, 42, 59, 110

Spratt, T. A., 24

Wilamowitz-Moellendorff, U. von, 110

Wolf, F. A., 14